Strafrechtliche und strafprozessuale Analyse des Phänomens Geldausgabeautomaten-Sprengung

ISSN 1610-7500
ISBN 978-3-86676-864-2

**Carlo Hersebrock**

# Strafrechtliche und strafprozessuale Analyse des Phänomens Geldausgabeautomaten-Sprengung

Schriftenreihe Polizei & Wissenschaft

ISSN 1610-7500
ISBN 978-3-86676-864-2

Verlag für Polizeiwissenschaft
Prof. Dr. Clemens Lorei

**Bibliografische Information der Deutschen Nationalbibliothek**
Die Deutsche Nationalbibliothek verzeichnet diese Publikation in der Deutschen Nationalbibliografie; detaillierte bibliografische Daten sind im Internet über http://dnb.d-nb.de abrufbar.



Verlag für Polizeiwissenschaft, Prof. Dr. Clemens Lorei
Eschersheimer Landstraße 508 • 60433 Frankfurt
Telefon/Telefax 0 69/51 37 54 • verlag@polizeiwissenschaft.de
www.polizeiwissenschaft.de

Printed in Germany

# Vorwort

Das Phänomen von Geldausgabeautomatensprengungen stellt die deutschen Landespolizeien vor große Herausforderungen. In dieser Ausarbeitung soll mittels der aktuellen Erkenntnislage mit Stand vom Mai 2023 die frühestmögliche Begründung des Anfangsverdachts einer Straftat erarbeitet werden. Als Endprodukt der Thesis wurde hierbei ein Flyer herausgearbeitet, welcher die polizeilichen Erkenntnisse, sowie die rechtliche Lage möglichst kurz, prägnant und praxisnah zusammenfassen soll.

Bedanken möchte ich mich nachträglich recht herzlich bei Kriminaldirektorin Christa Lübbers aus dem Innenministerium Nordrhein-Westfalen mit welcher ich zur möglichst detaillierten Darlegung der Thematik zusammenarbeiten durfte. Zudem geht ein ganz besonderer Dank an den betreuenden Dozenten meiner Bachelorarbeit, Herrn Prof. Dr. Frank Hofmann, ohne dessen Unterstützung mir die Erstellung dieser Arbeit nicht möglich gewesen wäre.

Bochum, 26.04.2024

Carlo Hersebrock

# Inhaltsverzeichnis

# Abkürzungsverzeichnis

| | |
|---|---|
| aA | anderer Ansicht |
| aF | alte Fassung |
| BayObLGSt | Entscheidungen des Bayerischen Oberlandesgerichts in Strafsachen (zit. nach Band und Seite) |
| BeckRS | Beck Rechtsprechung (zit. nach Jahr und Nummer) |
| BEGAS | Bekämpfung und Ermittlung von Geldautomatensprengungen |
| Beschl. | Beschluss |
| BGH | Bundesgerichtshof |
| BGHSt | Entscheidungen des Bundesgerichtshofs in Strafsachen (zit. nach Band und Seite) |
| BKA | Bundeskriminalamt |
| BT-Drs. | Drucksache des Deutschen Bundestags (zit. nach Wahlperiode, Nummer und Seite) |
| bspw. | beispielsweise |
| BuF-Berichte | Beobachtungs- und Feststellungsberichte |
| BVerfG | Bundesverfassungsgericht |
| BVerfGE | Entscheidungen des Bundesverfassungsgerichts (zit. nach Band und Seite) |
| bzgl. | bezüglich |
| bzw. | beziehungsweise |
| EMRK | Konvention zum Schutz der Menschenrechte und Grundfreiheiten v. 04.11.1950 |
| etc. | et cetera (und so weiter) |
| f./ff. | folgende |
| GA | Goltdammer's Archiv für Strafrecht (zit. nach Jahr und Seite) |
| GAA | Geldausgabeautomat |
| GStA | Generalstaatsanwältin/Generalstaatsanwalt |
| gem. | gemäß |

| | |
|---|---|
| ggf. | gegebenenfalls |
| grds. | grundsätzlich |
| Hrsg. | Herausgeberin/Herausgeberinnen/ Herausgeber |
| i.d.F. | in der Fassung |
| i.d.R. | in der Regel |
| i.e.S. | im engeren Sinn |
| IM | Innenministerium |
| insb. | insbesondere |
| i.S.d. | im Sinne des/der |
| i.V.m. | in Verbindung mit |
| JR | Juristische Rundschau (zit. nach Jahr und Seite) |
| JZ | Juristenzeitung (zit. nach Jahr und Seite) |
| KDin/KD | Kriminaldirektorin/Kriminaldirektor |
| KOKin/KOK | Kriminaloberkommissarin/Kriminal-oberkommissar |
| KORin/KOR | Kriminaloberrätin/Kriminaloberrat |
| LG | Landgericht |
| LKA | Landeskriminalamt |
| min | Minute |
| NJW | Neue Juristische Wochenschrift (zit. nach Jahr und Seite) |
| Nr. | Nummer |
| NRW | Nordrhein-Westfalen |
| NStZ | Neue Zeitschrift für Strafrecht (zit. nach Jahr und Seite) |
| NStZ-RR | NStZ-Rechtsprechungs-Report Strafrecht (zit. nach Jahr und Seite) |
| o.g. | oben genannten |
| OLG | Oberlandesgericht |
| PKW | Personenkraftwagen |

| | |
|---|---|
| PolG NRW | Polizeigesetz des Landes Nordrhein-Westfalen i.d.F. v. 25. Juli 2003 |
| RGSt | Entscheidungen des Reichsgerichts in Strafsachen (zit. nach Band und Seite) |
| Rn. | Randnummer |
| s. | siehe |
| S. | Seite |
| sog. | sogenannte/sogenannter |
| Soko | Sonderkommission |
| StA | Staatsanwältin/Staatsanwalt |
| StGB | Strafgesetzbuch i.d.F. v. 13.11.1998 |
| StPO | Strafprozessordnung i.d.F. v. 07.04.1987 |
| StraFo | Strafverteidiger Forum (zit. nach Jahr und Seite) |
| StV | Strafverteidiger (zit. nach Jahr und Seite) |
| SprengG | Gesetz über explosionsgefährliche Stoffe (Sprengstoffgesetz) i.d.F. v. 10.09.2002 |
| stRspr | ständige Rechtsprechung |
| u.a. | unter anderem |
| Urt. | Urteil |
| v. | von/vom |
| vgl. | vergleiche |
| VS-NfD | Verschlusssache - Nur für den Dienstgebrauch |
| z.B. | zum Beispiel |
| zit. | zitiert |

# A. Einleitung

„Der moderne Banküberfall. In der heutigen Zeit würde man sagen ‚Banküberfall 2.0‘“[1] betitelt der Polizeipräsident der Polizeidirektion Osnabrück die Sprengungen von Geldausgabeautomaten (GAA).[2] Seit 2015 finden in Deutschland vermehrt physische Angriffe auf GAAs durch Sprengungen statt. Nachdem es 2015 noch zu 157 Angriffen auf GAAs durch Sprengung kam,[3] waren es laut dem derzeit aktuellen Bundeslagebild im Jahr 2021 bereits 392 Angriffe,[4] bei denen insgesamt etwa 19,5 Mio. Euro erbeutet wurden.[5] Bei 152 von den insgesamt 392 Angriffen war ein GAA in NRW das Ziel.[6]

Herbert Reul, Innenminister des Landes NRW, warnt davor, „zu glauben, dass mit einem ‚Element Technik‘ oder einem ‚Element Polizei‘ das Problem zu lösen ist“,[7] sondern dass es mehrere Faktoren sind, an denen parallel angesetzt werden muss.[8] Demnach soll analysiert werden, wie die „Direktion Gefahrenabwehr/Einsatz“ als das „Element Polizei“ seine rechtlichen Befugnisse bestmöglich ausschöpfen kann, um einen größtmöglichen Beitrag in der Problembekämpfung zu leisten.

Diese Arbeit strebt daher folgende drei Ziele an: Erstens sollen mögliche Vorfeldstrafbarkeiten analysiert werden, zweitens Anhaltspunkte zur Begründung eines Anfangsverdachts aufgezeigt werden und drittens eine Hilfestellung gegeben werden, ab wann ein Anfangsverdacht für verschiedene Straftaten vorliegen kann.

Um diese Ziele zu erreichen, werden zunächst die aktuellen, öffentlich zugänglichen polizeilichen Erkenntnisse dargestellt. Im Anschluss werden einschlägige Rechtsnormen sowie deren Voraussetzungen beschrieben. Als dritter Schritt werden die polizeilichen Erkenntnisse und die aktuelle rechtliche Lage miteinander verknüpft und Anhaltspunkte geschaffen, wie bzw.

---

1 Polizeipräsident Maßmann, Polizei Osnabrück in: Altrogge/Meyer-Heuer 2023 [03:01 min-03:07 min] (Anhang 1.1, Zeilen 12-13).

2 Wenn in dieser Arbeit von GAAs die Rede ist, sind neben Geldausgabeautomaten auch Geldeinzahlungsautomaten sowie Kombinationen aus diesen gemeint.

3 BKA 2016, S. 4.

4 BKA 2022, S. 5.

5 BKA 2022, S. 2.

6 BKA 2022, S. 6.

7 Reul, Innenminister des Landes NRW in: Zaik 2023 [04:44 min-04:52 min] (Anhang 1.4, Zeilen 116-117).

8 Reul, Innenminister des Landes NRW in: Zaik 2023 [02:47 min-03:06 min; 03:48 min-04:07 min] (Anhang 1.4, Zeilen 73-78, 95-101).

wann ein Anfangsverdacht bzgl. der einschlägigen Strafnormen begründet werden kann. Die daraus resultierenden Ergebnisse werden abschließend in einer Handreichung für Polizeibedienstete der „Direktion Gefahrenabwehr/Einsatz“ der Polizei NRW zusammengefasst, um rechtliche Handlungssicherheit im Umgang mit möglichen Tätern von GAA-Sprengungen zu schaffen.

## B. Problematik

Ein Charakteristikum der Taten ist die Flucht mit hochmotorisierten Fahrzeugen. Bei einem polizeilichen Einschreiten nach einer Tat stellt es sich daher häufig als problematisch dar, Täterinnen und Täter festzuhalten. Auch im Rahmen späterer Ermittlungen können häufig aufgrund von Maskierungen keine Tatzuordnungen erfolgen, sodass sich beweissichere Strafverfahren im Nachgang als schwierig erweisen.[9] Anzustreben ist demzufolge ein Zugriff noch vor der Tatausführung.

Bei einem Zugriff unmittelbar vor der Tat stehen sich jedoch die Gefahrenabwehr und die Strafverfolgung gegenüber. Einerseits muss, wenn möglich, gem. § 1 I 1, 2 PolG NRW gefahrenabwehrend, vor der Herbeiführung der Explosion eingegriffen werden. Andererseits ist zu diesem Zeitpunkt, wie folgend näher erläutert wird, ein unmittelbares Ansetzen zur GAA-Sprengung noch nicht gegeben.[10] Strafprozessuale Maßnahmen dürfen daher nicht getroffen werden, solange nicht andere Straftaten im Raum stehen. Bei einem Antreffen möglicher Täterinnen und Täter in einem früheren Stadium, bspw. während des Auskundschaftens von möglichen Tatzielen, werden aufgrund des fehlenden unmittelbaren Ansetzens zur GAA-Sprengung meist keine strafprozessualen Maßnahmen getroffen. Infolgedessen ist es umso schwieriger, im Anschluss beweissichere Strafverfahren im Hinblick auf möglicherweise angestrebte GAA-Sprengungen zu führen.

## C. Themeneingrenzung

Wegen des begrenzten Umfangs der Arbeit und der Komplexität des Phänomens wird die Thematik in dieser Arbeit eingegrenzt.

---

9 Jungbluth, LKW NRW in: Meyer-Heuer 2020 [08:46 min-08:52 min] (Anhang 1.3, Zeilen 50-52); Lübbers 2023 (Anhang 2.2, Zeilen 317-319, 491-494).

10 Lübbers 2023 (Anhang 2.2, Zeilen 125-126).

### I. Begrenzung auf niederländische Tätergruppierungen

Im Jahr 2021 hatten über 50% der 124 gefassten Tatverdächtigen eine niederländische Staatsangehörigkeit.[11] Zudem sind an die Niederlande angrenzende Bundesländer stärker von GAA-Sprengungen betroffen.[12] Hintergrund dürften in den Niederlanden aufgebaute kriminelle Netzwerke sein,[13] welche dementsprechend große Anteile der GAA-Sprengungen zu verantworten haben. Bei Täterinnen und Tätern aus den Niederlanden handelt es sich häufig um professionell agierende Tätergruppen mit hohen Erfolgsquoten, weswegen sie primäres Ziel deutscher Strafverfolgungsbehörden sind.[14]

Aus diesem Grund wird lediglich auf niederländische Tätergruppen eingegangen. Die rechtlichen Normen sind dennoch grds. ebenfalls bei anderen Tätergruppierungen einschlägig. Da sich diese im Vorgehen von niederländischen Tätergruppierungen unterscheiden, ist bei der Anwendung der rechtlichen Normen jedoch besonders auf das Vorliegen der verschiedenen Tatbestandsvoraussetzungen zu achten. In weiteren Ausarbeitungen bietet sich auf dieser Thesis aufbauend die Analyse anderer Tätergruppierungen an, um konkrete Anhaltspunkte auszuarbeiten und somit Handlungssicherheit bei nicht niederländischen Tatausführenden zu schaffen.

### II. Rechtliche Eingrenzung

In dieser Arbeit wird zudem eine Beschränkung auf die relevantesten rechtlichen Normen vorgenommen, sodass in weiteren Ausarbeitungen hieran angeknüpft werden kann. Die Thesis fokussiert sich auf die möglichen Strafbarkeiten nach §§ 30 II Alt. 3, 242 I, 244a I, 308 I, 310 I Nr. 2 StGB sowie die Begründung eines Anfangsverdachts gem. § 152 II StGB. Die weiteren Delikte, die in Zusammenhang mit GAA-Sprengungen möglicherweise verwirklicht werden, und weitergehende strafprozessuale Aspekte werden nur kurz angesprochen.

## D. Methode

Zur Ermittlung der aktuellen polizeilichen Erkenntnisse wird auf verschiedene, im Folgenden darzustellende Methoden zurückgegriffen.

In verschiedenen TV-Dokumentationen treffen Angehörige der Staatsanwaltschaft Osnabrück, des LKA NRW, des LKA Rheinland-Pfalz, der Polizei Osnabrück und der Bundesanstalt für Materialforschung Aussagen über

---

[11] BKA 2022, S. 7.

[12] BKA 2022, S. 6.

[13] BKA 2022, S. 8.

[14] Lübbers 2023 (Anhang 2.2, Zeilen 65-70).

das Phänomen GAA-Sprengung und deren Folgen. In der am 19.04.2023 um 22:35 Uhr ausgestrahlten Folge 16 der Fernsehsendung „stern TV“ machte zudem der Innenminister des Landes NRW, Herbert Reul, Angaben über die aktuelle Lage in Bezug auf GAA-Sprengungen. Durch eine Sekundärdatenanalyse[15] des Videomaterials können polizeiliche Erkenntnisse herausgearbeitet werden. Die relevanten Passagen der Dokumentationen sowie die Diskussion mit Herrn Reul werden in Anhang 1 transkribiert.[16] Der dort aufgeführte Transkriptionsschlüssel wurde angewandt. Die Transkription erfolgt in geglätteter Form, da der objektive Inhalt bzw. die mitgeteilten Erkenntnisse in die Arbeit einfließen sollen und sprachliche Unreinheiten keine Relevanz aufweisen.

Zudem werden in den o.g. TV-Dokumentationen Originalaufnahmen von Überwachungsvideos und Aufnahmen aus einem Helikopter bei einer Flucht gezeigt, welche die Vorgehensweise veranschaulichen. Auf diese wird an entsprechenden Stellen der Arbeit verwiesen.

Weiterführend kann Kontakt zu KDin Christa Lübbers, Leiterin der im IM NRW eingerichteten Soko BEGAS (Bekämpfung und Ermittlung von Geldautomatensprengungen) hergestellt werden. KDin Lübbers hat aufgrund ihrer Position Zugang zu polizeilichen Erkenntnissen des Phänomens und gibt im Rahmen einer schriftlich offenen Befragung[17] Auskunft über die aktuellen Informationen. Da die Arbeit inkl. der Handreichung veröffentlichungsfähig sein soll, verzichtet KDin Lübbers auf die Angabe von VS-NfD-Inhalten.

Weiterhin wird mithilfe der Führungsstelle Kriminalität des Polizeipräsidiums Münster nach BuF-Berichten (Beobachtungs- und Feststellungsberichten) recherchiert, die in einem möglichen Zusammenhang mit GAA-Sprengungen erfasst wurden. Diese Berichte sind besonders geeignet, da sie nicht für laufende Verfahren relevant und somit veröffentlichungsfähig sind. In zwei Recherchen werden landesweite BuF-Berichte gesucht.

Eine Anfrage wird nach Berichten seit dem 01.01.2022 gefiltert, bei denen Fahrzeuge der Marken Audi, BMW und Mercedes eingetragen sind, da Fahrzeuge dieser Marken laut der allgemein zugänglichen Tagespresse häufig als Fluchtfahrzeug verwendet werden. Aus dem Ergebnis werden BuF-Berichte aussortiert, die nicht in Zusammenhang mit GAA-Sprengungen stehen. Die zweite Anfrage wird nach Berichten seit dem 01.01.2021 gefiltert, bei denen das Wort „Geldautomatensprengung“ in den Sachverhalten erwähnt wurde.

---

[15] Döring/Bortz, S. 601 f.; Hussy/Schreier/Echterhoff, S. 237.

[16] Döring/Bortz, S. 583 f.; Hussy/Schreier/Echterhoff, S. 245 ff..

[17] Döring/Bortz, S. 403 ff.; Hussy/Schreier/Echterhoff, S. 234 f..

Eine Einschränkung des Zeitraumes wird vorgenommen, um Erkenntnisse bzgl. des aktuellen Modus Operandi zu erzielen.

Der Zeitraum der ersten Anfrage wird enger begrenzt, da große Datenmengen von BuF-Berichten, die nicht in Verbindung mit GAA-Sprengungen stehen, zu erwarten sind. Das Herausfiltern von relevanten BuF-Berichten aus einem größeren Zeitraum kann aufgrund beschränkter Kapazitäten im Rahmen dieser Arbeit nicht geleistet werden.

Alle recherchierten BuF-Berichte werden in anonymisierter Form der Arbeit beigefügt.[18] Polizeitaktische Informationen werden unkenntlich gemacht, sodass die Dokumente nicht als VS-NfD einzustufen sind.

Die erarbeiteten polizeilichen Erkenntnisse werden zur Aufbereitung in die folgenden Kategorien unterteilt: Struktur des Netzwerks, Tatausführende in Deutschland, Modus Operandi, Tatziele und Tatzeit, Fahrzeuge, Spreng- und Tatmittel zur Herbeiführung der Explosion, sonstige Tatmittel, Bekleidung und typisches Schadensbild/-ausmaß.

# E. Polizeiliche Erkenntnisse

Seit dem ausgeprägten Beginn des Phänomens im Jahr 2015 werden Ermittlungen bzgl. der Täterinnen und Täter und den dahinterstehenden Tätergruppierungen durchgeführt.

## I. Struktur des Netzwerks

Die in den Niederlanden existierenden Tätergruppierungen sind in klaren Führungsstrukturen organisiert und weisen ein überaus arbeitsteiliges Vorgehen auf.[19] Es gibt u.a. Logistikerinnen und Logistiker, welche z.B. für die Beschaffung von Fahrzeugen zuständig sind, sowie Sprengstoffherstellerinnen und -hersteller.[20] Bei den Tatausführenden sind wechselnde Zusammensetzungen und Tatbeteiligungsverhältnisse festzustellen.[21] Die schlussendlichen Tatausführenden werden durch die dahinterstehenden organisierten Tätergruppierungen zur Beteiligung an einzelnen Taten rekrutiert.

Zu diesem Rekrutierungsverfahren liegen noch keine gesicherten Erkenntnisse vor. Das BKA geht davon aus, dass den niederländischen Netzwerken

---

18 BuF-Berichte, 2021-2023 (Anhang 3).

19 Lübbers 2023 (Anhang 2.2, Zeile 162); Schmidt, LKA Rheinland-Pfalz in: Heller 2023 [06:30 min-06:33 min] (Anhang 1.2, Zeile 4-5).

20 Lübbers 2023 (Anhang 2.2, Zeilen 162-166); Schmidt, LKA Rheinland-Pfalz in: Heller 2023 [06:23 min-06:42 min] (Anhang 1.2, Zeilen 3-7).

21 BKA 2022, S. 8; Lübbers 2023 (Anhang 2.2, Zeilen 219-220).

mehrere hundert bis tausend Personen zur Ausführung der Taten zur Verfügung stehen. Diese agieren als unterste Stufe in den Strukturen der Netzwerke und haben selbst nur geringen Einfluss und geringe Kenntnisse von den organisierten Strukturen.[22] Die Tatausführenden stellen sich vielmehr als ein „fluides Netzwerk“[23] dar, in welchem sie zur Tatbegehung „immer wieder neu gemischt und besetzt“[24] werden.

## II. Tatausführende in Deutschland

Bei den in Deutschland agierenden Tatausführenden handelt es sich in aller Regel um junge männliche Personen im Alter zwischen 18 und 30 Jahren mit niederländischer Staatsangehörigkeit und einem nordafrikanischen, häufig marokkanischen Migrationshintergrund. Sie wohnen hauptsächlich in der Region um Utrecht, Rotterdam und Amsterdam.[25] Ihr Verhalten gegenüber der Polizei stellt sich auch nach einer vorläufigen Festnahme als äußerst unkooperativ dar.[26]

## III. Modus Operandi

Vor der Tatausführung werden mehrere GAAs als mögliche Tatziele definiert. Die Tatausführenden fahren meist zu dritt oder zu viert[27] mit hochmotorisierten PKWs aus den Niederlanden nach Deutschland. Bei der Anfahrt zum ersten möglichen Tatziel überprüfen sie mittels eines Digitalfunk-Scanners, ob Polizeifunk in der Nähe betrieben wird und Polizeikräfte demzufolge schnell an der Tatörtlichkeit eintreffen könnten. Tritt dieser Fall ein, fahren sie die nächsten zuvor ausgewählten GAAs an, bis ein geeignetes Zielobjekt gefunden ist.[28]

Nachdem die Täterinnen und Täter sich – wenn der GAA sich z.B. in einem geschlossenen (Vor-)Raum einer Filiale befindet – Zutritt zum GAA verschafft haben, hebeln oder sprengen sie die Abdeckhaube auf. Im Anschluss daran bringen sie die festen Sprengkörper im GAA an oder leiten Gas ein, um eine Explosion zur Öffnung des GAA-Tresors zu erreichen. Ist der Tresor gesprengt, nehmen sie die Geldkartuschen und/oder das

[22] Lübbers 2023 (Anhang 2.2, Zeilen 183-193).

[23] Lübbers 2023 (Anhang 2.2, Zeile 99).

[24] Lübbers 2023 (Anhang 2.2, Zeilen 224-227).

[25] BKA 2022, S. 8; Lübbers 2023 (Anhang 2.2, Zeilen 241-242).

[26] Lübbers 2023 (Anhang 2.2, Zeilen 241-215); Schmitz, LKA NRW in: Altrogge/Meyer-Heuer 2023 [14:06 min-14:21 min] (Anhang 1.1, Zeilen 39-43).

[27] Lübbers 2023 (Anhang 2.2, Zeilen 85-90).

[28] Lübbers 2023 (Anhang 2.2, Zeilen 307-314, 474-478).

herausgesprengte Bargeld an sich.[29] Pro Tat werden etwa drei bis fünf Minuten benötigt,[30] sodass die Polizei i.d.R. nicht schnell genug vor Ort sein kann.

Nach der Tat flüchten die Täterinnen und Täter mit hochmotorisierten Fahrzeugen auf schnellstem Wege in Richtung der niederländischen Grenze, wobei Geschwindigkeiten von bis zu 300 km/h erreicht werden.[31] Zudem kommt es zu riskanten Überholmanövern, wie die Aufnahmen aus einem Helikopter belegen.[32] Da aufgrund der Entfernung und der gefahrenen Geschwindigkeiten eine Tankfüllung nicht immer ausreicht, werden teilweise mit Kraftstoff gefüllte Reservekanister mitgeführt.[33]

*Abbildung 1 - Kraftstoffkanister in Fluchtfahrzeug*[34]

*Abbildung 2 - Kraftstoffkanister neben Fluchtfahrzeug*[35]

---

[29] Heller 2023 [22:40 min-23:45 min]; Lübbers 2023 (Anhang 2.2, Zeilen 320-339).

[30] Lübbers 2023 (Anhang 2.2, Zeile 346-347); Schmitz, LKA NRW in: Altrogge/Meyer-Heuer 2023 [12:46 min-12:49 min] (Anhang 1.1, Zeile 27-28).

[31] Lübbers 2023 (Anhang 2.2, Zeilen 339-340, 361-364).

[32] Heller 2023 [20:13 min-20:34 min].

[33] Jungbluth, LKA NRW in: Meyer-Heuer 2020 [02:31 min-02:48 min] (Anhang 1.3, Zeilen 3-7); Lübbers 2023 (Anhang 2.2, Zeilen 370-372, 462-464).

[34] Polizei Osnabrück 2023a.

[35] Polizei Osnabrück 2023b.

Um den mitgeführten Kraftstoff schneller einfüllen zu können, nutzen die Täterinnen und Täter häufig eine aufgesägte Gießkanne als Trichter für die Tanköffnung.[36]

*Abbildung 3 - Brecheisen und abgesägte Gießkanne*[37]

Zudem werden bei Fluchten in Einzelfällen Laserpointer eingesetzt, um Polizeikräfte zu blenden und somit die Verfolgung zu erschweren bzw. zu verhindern.[38]

## IV. Tatziele und Tatzeit

Angestrebte Ziele sind GAAs, wobei irrelevant ist, ob es sich um GAAs in Bankfilialen, GAAs in bzw. an anderweitigen Gebäuden oder freistehende GAAs handelt. Bei der Auswahl wird darauf geachtet, dass sich die Tatörtlichkeit in der Nähe einer Bundesautobahn oder einer größeren Bundesstraße befindet, um nach der Tat zeitnah einen Grenzübertritt in die Niederlande zu gewährleisten.[39]

Schließzeiten spielen keine wesentliche Rolle. Verschlossene Schiebetüren oder Glastüren hindern die Täterinnen und Täter nicht an ihrer Tatbegehung. Sie hebeln oder schlagen diese auf und verschaffen sich so Zutritt zu den GAAs, wie auch in Aufnahmen von Überwachungskameras in einer Dokumentation des ZDF zu sehen ist.[40]

---

36 Lübbers 2023 (Anhang 2.2, Zeilen 464-466).

37 LKA Rheinland-Pfalz 2023a.

38 Lübbers 2023 (Anhang 2.2, Zeilen 366-367); Polizeipräsident Maßmann, Polizei Osnabrück in: Altrogge/Meyer-Heuer 2023 [09:28 min-09:35 min] (Anhang 1.1, Zeilen 18-20).

39 Lübbers 2023 (Anhang 2.2, Zeilen 256-259).

40 Heller 2023 [25:20 min-25:40 min].

Üblicherweise werden die Taten nachts begangen, wenn aufgrund der Uhrzeit oder der Öffnungszeiten keine Kundinnen und Kunden an den GAAs zu erwarten sind.[41] Charakteristisch sind Tatzeiten zwischen 01:00 Uhr und 05:00 Uhr, wobei die meisten Taten zwischen 02:00 Uhr und 04:00 Uhr durchgeführt werden.[42]

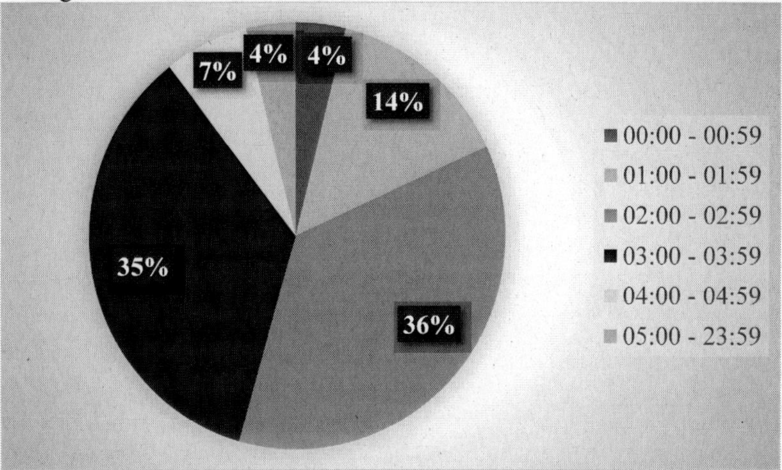


*Abbildung 4 - Prozentuale Verteilung der Tatzeiten im Jahr 2022*[43]

## V. Fahrzeuge

Bei den verwendeten hochmotorisierten Fahrzeugen handelt es sich häufig um Sportausführungen von PKWs mit einem großen Kofferraumvolumen (z.B. Kombi-Fahrzeuge). Regelmäßig genutzte Fahrzeugmarken, -reihen und -modelle sind:[44]

- Audi S oder RS (insb. S/RS 3 und S/RS 6)
- BMW M
- Mercedes AMG
- Alpha Romeo
- Ford

---

41 BKA 2022, S. 5.

42 Lübbers 2023 (Anhang 2.2, Zeilen 271-273).

43 eigene Darstellung in Anlehnung an: Lübbers 2023 (Anhang 2.2, Zeilen 271-273).

44 Lübbers 2023 (Anhang 2.2, Zeilen 378-383).

Die Fahrzeuge werden häufig gestohlen oder gemietet[45] und teilweise für die Taten neu, meist dunkel foliert, um das äußere Erscheinungsbild der Fahrzeuge zu verändern.[46] In einigen Fällen wurde zudem festgestellt, dass neben der Funktion des Ausschaltens der Front- und Rücklichter auch separat nur die Rücklichter ausgeschaltet werden können, um die Verfolgung durch die Polizeikräfte zu erschweren.[47]

## VI. Spreng- und Tatmittel zur Herbeiführung der Explosion

Bei den Sprengmitteln lässt sich in den vergangenen Jahren eine Entwicklung feststellen. Anfänglich wurde hauptsächlich mit Gasgemischen gesprengt. Diese werden in handelsüblichen Gasflaschen transportiert und vor Ort mit Schläuchen in den GAA eingeleitet.[48]

*Abbildung 5 - Gasflaschen bei Tat*[49]

---

[45] Lübbers 2023 (Anhang 2.2, Zeilen 388-395); StA Retemeyer, Staatsanwaltschaft Osnabrück in: Altrogge/Meyer-Heuer 2023 [00:48 min-00:51 min] (Anhang 1.1, Zeilen 4-5).

[46] Lübbers 2023 (Anhang 2.2, Zeilen 383-386, 394-395).

[47] Polizeipräsident Maßmann, Polizei Osnabrück in: Altrogge/Meyer-Heuer 2023 [09:22 min-09:28 min] (Anhang 1.1, Zeilen 17-18).

[48] BKA 2022, S. 5.

[49] IM NRW 2019a.

*Abbildung 6 - Gasschläuche*[50]

Die Angriffe führten dazu, dass die GAAs technisch angepasst wurden, sodass eine Sprengung mit Gas häufig nicht mehr zu einer Öffnung des Tresors führt.[51] Seit 2020 verwenden die Tätergruppierungen daher überwiegend feste Sprengstoffe.[52] Von 392 GAA-Sprengungen 2021 wurde in 64% der Fälle nachweislich mit festen Sprengstoffen gearbeitet, nachdem es 2020 bei nur 27% und 2019 bei nur 5% der Fall war.[53] Insb. die professionellen niederländischen Tätergruppierungen sollen demnach mit festen Sprengstoffen agieren,[54] bei denen es sich hauptsächlich um pyrotechnische Gegenstände handelt.[55] Diese sind die aus sog. Blitzknallsätzen entnommenen Sprengmittel. Der Inhalt mehrerer solcher Knallsätze wird entnommen und hieraus Sprengpakete hergestellt.[56] Diese sind relativ flach geformt und mit Klebeband (sog. „Panzertape“) umwickelt.[57]

---

[50] Polizei Osnabrück 2023c.

[51] Lübbers 2023 (Anhang 2.2, Zeilen 178-182).

[52] BKA 2022, S. 5; Lübbers 2023 (Anhang 2.2, Zeilen 110-111, 182, 426).

[53] BKA 2022, S. 5.

[54] BKA 2022, S. 8; Lübbers 2023 (Anhang 2.2, Zeilen 426-429).

[55] BKA 2022, S. 5; Lübbers 2023 (Anhang 2.2, Zeilen 403-410).

[56] Lübbers 2023 (Anhang 2.2, Zeilen 403-425).

[57] Lübbers 2023 (Anhang 2.2, Zeilen 419-422); Schuster, LKA Rheinland-Pfalz in: Heller 2023 [21:39 min-21:49 min] (Anhang 1.2, Zeilen 29-31).

*Abbildung 7 - Sprengpaket mit Kabel*[58]

Häufig wird zur Einführung des Sprengstoffs in den GAA ein sog. „Pizzaschieber" genutzt. Gemeint ist ein metallener Stab mit einem flachen Metallstück am Ende, auf welchem der Sprengkörper angebracht wird, um diesen in den GAA hineinzuführen und den Tresor von innen heraus zu sprengen.[59] Wie auf folgendem Bild zu erkennen, kann der Sprengkörper bereits auf dem „Pizzaschieber" angebracht sein.

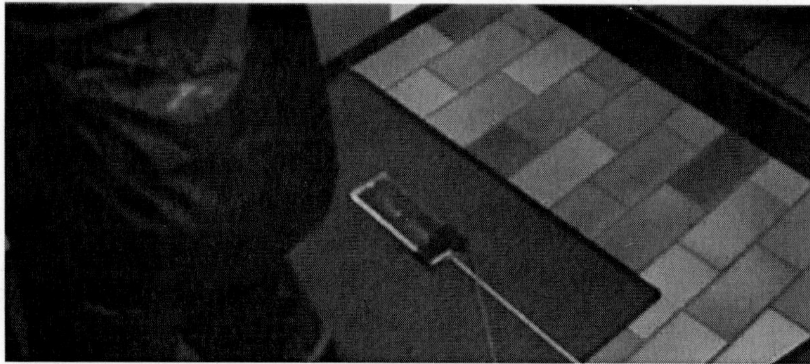

*Abbildung 8 - „Pizzaschieber" mit Sprengpaket und Kabel*[60]

Die Herstellerfirmen der GAAs haben sich der Vorgehensweise auch bzgl. der „Pizzaschieber" angepasst und ihre neuen Modelle so verändert, dass ein Einführen von flachen Sprengstoffpaketen nicht mehr möglich ist. Stattdessen formen die kriminellen Netzwerke teilweise rundlich, längliche „Pakete

---

58 IM NRW 2023a.

59 Lübbers 2023 (Anhang 2.2, Zeilen 334-336, 450-455).

60 IM NRW 2023b.

in Wurstform",[61] Diese werden dann mit einer Art „Angel" durch ein Loch in die GAAs eingeführt.[62]

Die platzierten Sprengpakete werden mittels einer elektrischen Quelle gezündet. Hierfür werden häufig handelsübliche Taschenlampen oder Mobilfunkgeräte benutzt. Mit Kabeln wird eine Verbindung von den Kontakten in der Zündquelle und den Sprengpaketen hergestellt. Durch die Betätigung des Schalters an der Taschenlampe oder dem Einschalten des Mobilfunkgerätes wird ein elektrischer Impuls in das Sprengpaket geleitet, sodass das Sprengmittel zündet.[63]

## VII. Sonstige Tatmittel

Die Täterinnen und Täter führen noch weitere tatbezogene Gegenstände mit sich, wie z.B. Brecheisen (s. auch Abbildung 3), Vorschlaghammer oder Bolzenschneider.[64]

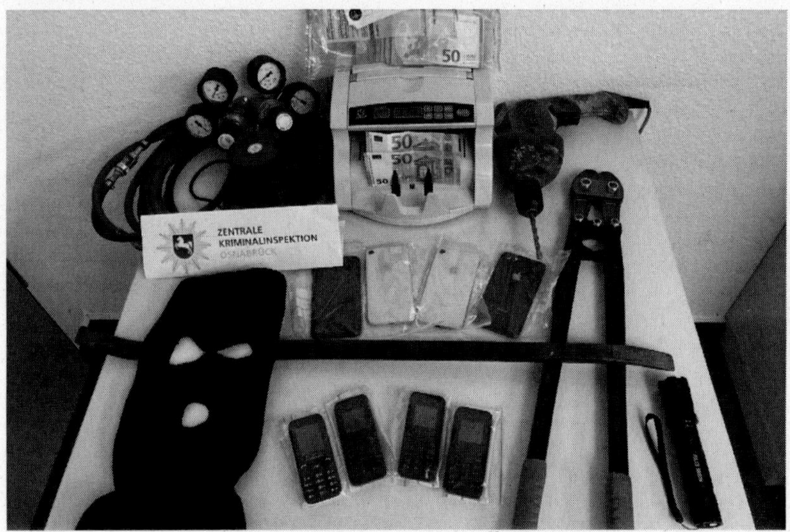


*Abbildung 9 - Sicherstellungen nach Durchsuchungen*[65]

Da in neuen Fahrzeugen SIM-Karten eingebaut sind, führen die Täterinnen und Täter Störsender, sog. Jammer mit. Die Fahrzeuge können dann über

61 Lübbers 2023 (Anhang 2.2, Zeile 420).

62 Lübbers 2023 (Anhang 2.2, Zeilen 453).

63 Lübbers 2023 (Anhang 2.2, Zeilen 327-333).

64 Lübbers 2023 (Anhang 2.2, Zeilen 440-442).

65 Polizei Osnabrück 2023d.

eine Auswertung der Funkmastdaten nicht geortet werden.[66] Diese Störsender können wie folgt aussehen:

*Abbildung 10 - Jammer/Störsender*[67]

Zudem führen die Tatausführenden teilweise einen Digitalfunk-Scanner mit sich. Zwar können sie aufgrund des verschlüsselten Signals das gesprochene Wort der Polizei nicht verstehen, können jedoch feststellen, ob in der Umgebung Digitalfunk betrieben wird.[68] Ein solcher Scanner ähnelt einem handelsüblichen Funkgerät und könnte wie folgt aussehen:

*Abbildung 11 - Digitalfunk-Scanner*[69]

---

66 Lübbers 2023 (Anhang 2.2, Zeilen 314-319, 469-473).

67 jammer-store.de 2023.

68 Lübbers 2023 (Anhang 2.2, Zeilen 474-476).

69 funkhandel.com 2023.

Aufgrund der Dunkelheit zur Tatzeit werden häufig handelsübliche Stirnlampen oder Taschenlampen mitgeführt.[70]

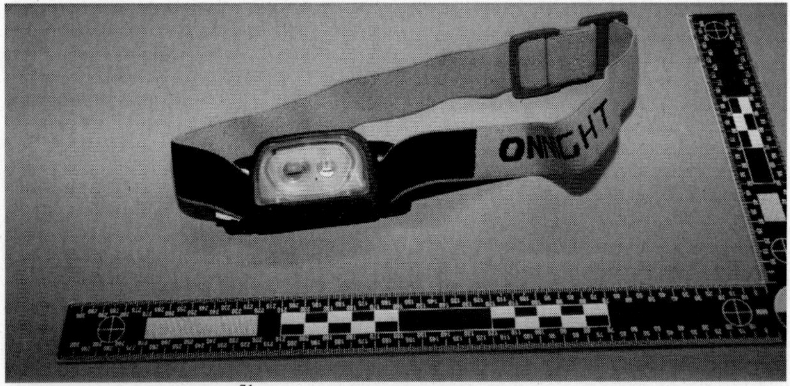

*Abbildung 12 - Stirnlampe*[71]

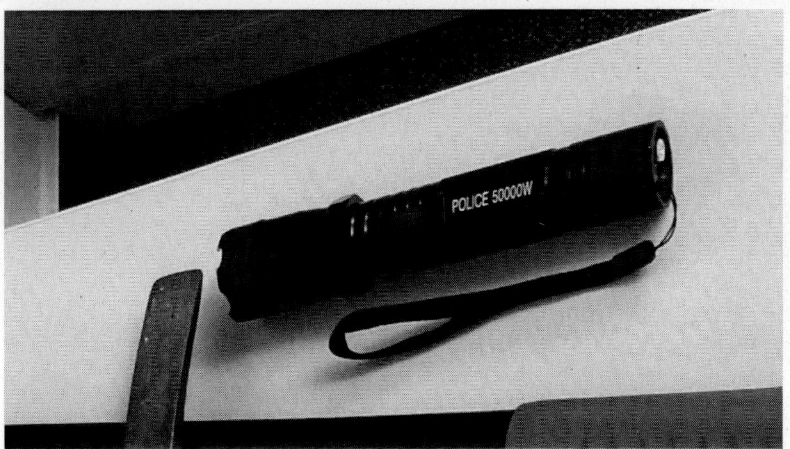


*Abbildung 13 - Taschenlampe*[72]

Wie auf folgendem Bild zu erkennen, tragen die Tatausführenden zudem teilweise, auch aufgrund der mittlerweile ortsweise in den Bankfilialen eingesetzten Vernebelungsanlagen, Gasmasken.[73]

---

[70] Lübbers 2023 (Anhang 2.2, Zeilen 479-481).

[71] LKA Rheinland-Pfalz 2023b.

[72] Polizei Osnabrück 2023e.

[73] Lübbers 2023 (Anhang 2.2, Zeilen 482-483).

*Abbildung 14 - Täterin/Täter mit Gasmaske*[74]

## VIII. Bekleidung

Die Täterinnen und Täter versuchen gezielt, möglichst wenig Spuren und Wiedererkennungsmerkmale zur Identifikation einzelner Personen zu hinterlassen. Sie tragen regelmäßig Regenanzüge der Firma HEMA mit einem auffälligen silbernen Streifen an den Beinen und dem Oberkörper.[75]

*Abbildung 15 - HEMA-Regenanzüge mit Streifen - Bild 1*[76]

74 IM NRW 2023c.

75 Lübbers 2023 (Anhang 2.2, Zeilen 342-344, 491-494).

76 IM NRW 2023d.

*Abbildung 16 - HEMA-Regenanzüge mit Streifen - Bild 2*[77]

Die Anzüge können auch verpackt im PKW mitgeführt werden:

*Abbildung 17 - HEMA-Regenanzug verpackt*[78]

Weiterhin verdecken die Tatausführenden nahezu jegliche Haut, indem sie Handschuhe und Kapuzenpullover tragen und Sturmhauben über ihre Gesichter ziehen.[79]

---

[77] IM NRW 2019b.

[78] LKA Rheinland-Pfalz 2023c.

[79] Lübbers 2023 (Anhang 2.2, Zeilen 484-486, 494-495).

## IX. Typisches Schadensbild/-ausmaß

Das Schadensausmaß hängt grds. von der Art und der Menge des verwendeten Explosivstoffes ab. Regelmäßig ist festzustellen, dass die Gebäude, in denen Sprengungen stattgefunden haben, einsturzgefährdet sind bzw. die Stabilität der Gebäude zumindest näher untersucht werden muss.[80] Im Jahr 2021 brach in Folge einer GAA-Sprengung zudem ein Feuer aus.[81] Weitergehend können beschädigte Versorgungsleitungen von Gas oder Wasser das Schadensausmaß weiter vergrößern.[82]

Die genaue Schadenshöhe lässt sich verallgemeinernd nicht bestimmen. Rechnet man die erlangte Beute von 19,5 Mio. Euro auf die 189 vollendeten Diebstähle herunter,[83] ergibt dies eine durchschnittliche Beute von knapp über 100.000 Euro. Da die Sachschäden die Beuteschäden „in Teilen deutlich"[84] übersteigen, lässt sich dennoch erahnen, wie hoch die Schäden an den Gebäuden im Endeffekt sein können. Geschätzt wird für das Jahr 2021, dass in Folge der insgesamt 392 Angriffe auf GAAs durch Sprengungen Begleitschäden „im mittleren zweistelligen Millionenbereich"[85] entstanden sind. Rechnet man mit 50 Mio. Euro Schaden, ergäbe dies durchschnittliche Begleitschäden in Höhe von knapp 130.000 Euro pro Tat. Durch die nachfolgenden Beispielbilder lässt sich dies nachvollziehen:

[80] Holtappels, Bundesanstalt für Materialforschung in: Meyer-Heuer 2020 [05:50 min-05:56 min] (Anhang 1.3, Zeilen 22-24); Lübbers 2023 (Anhang 2.2, Zeilen 509-512).

[81] BKA 2022, S. 8.

[82] Lübbers 2023 (Anhang 2.2, Zeilen 512-515).

[83] BKA 2022, S. 5.

[84] BKA 2022, S. 9.

[85] BKA 2022, S. 9.

*Abbildung 18 - Schadensbild 1*[86]

*Abbildung 19 - Schadensbild 2*[87]

86 LKA Rheinland-Pfalz 2023d.

87 LKA Rheinland-Pfalz 2023e.

*Abbildung 20 - Schadensbild 3*[88]

# F. Methodendiskussion

Die Informationen aus Aussagen von in den Dokumentationen interviewten Experten wurden in Form einer Sekundärdatenanalyse[89] ausgearbeitet. Eine persönliche Befragung der Experten war im Rahmen dieser Bachelorarbeit nicht möglich und aufgrund der primär darstellenden Inhalte nicht nötig. Die herausgearbeiteten Informationen über die aktuellen polizeilichen Erkenntnisse in den Kategorien Struktur des Netzwerks, Tatausführende in Deutschland, Modus Operandi, Tatziele und Tatzeit, Fahrzeuge, Spreng- und Tatmittel zur Herbeiführung der Explosion, sonstige Tatmittel, Bekleidung und typisches Schadensbild/-ausmaß erweisen sich zudem auch durch eine Inhaltsanalyse in Form einer Sekundärdatenanalyse als stichhaltig.

Die in den Dokumentationen dargestellten Aufzeichnungen von Überwachungskameras eignen sich nicht als wissenschaftliche Grundlage. Sie bestätigen jedoch die wissenschaftlich herausgearbeiteten Erkenntnisse und sollen den Leserinnen und Lesern eine bildliche Vorstellung über den Modus Operandi ermöglichen.

Die schriftlich offene Befragung könnte aufgrund der eingeschränkten Interaktion zu weniger Informationen führen als es ein Experteninterview täte. Da KDin Lübbers bewusst diese Möglichkeit anbietet und deutlich wird, dass sie in schriftlicher Form alle ihr bekannten und

[88] LKA Rheinland-Pfalz 2023f.

[89] Döring/Bortz, S. 601 f.; Hussy/Schreier/Echterhoff, S. 237.

veröffentlichungsfähigen Informationen ausführlich darlegt, wird sich dennoch für die Durchführung einer schriftlich offenen Befragung entschieden. Zudem ist eine schriftlich offene Befragung sogar von Vorteil, da die Wahrscheinlichkeit geringer ist, dass kleinteilige Informationen unerwähnt bleiben.[90]

Die Recherche nach BuF-Berichten blieb weitgehend erfolglos. Zwar können die recherchierten BuF-Berichte[91] die anderweitig erarbeiteten Erkenntnisse bestätigen, sind jedoch aufgrund mangelnder Anzahl für sich stehend wenig aussagekräftig. Auf einen jeweiligen Verweis zu den BuF-Berichten wurde in der Arbeit daher verzichtet. Grund für die geringe Anzahl an BuF-Berichten dürfte die mangelnde Datenqualität sein, sodass sich eine automatische Suche als wenig erfolgreich herausstellte.

# G. Darstellung relevanter Rechtsnormen

Im folgenden Abschnitt werden die maßgeblichen Normen aus dem StGB und der StPO dargestellt.

## I. Strafnormen

Es gibt im StGB keinen Straftatbestand, welcher explizit den Modus Operandi der GAA-Sprengungen umfasst. Stattdessen müssen die begangenen Handlungen in verschiedenen Tatbeständen des StGB untergebracht werden. Hierbei sind besonders das Herbeiführen einer Sprengstoffexplosion gem. § 308 I StGB und dessen Vorbereitungshandlungen gem. § 310 I Nr. 2 StGB sowie der Diebstahl mit den diesbezüglichen Strafverschärfungen gem. §§ 242 ff. StGB relevant. Neben den Strafbarkeiten bzgl. der Sprengung und des Diebstahls lassen sich einzelfallabhängig weitere Strafbarkeiten begründen.

### 1. Herbeiführen einer Sprengstoffexplosion gem. § 308 I StGB

Der § 308 I StGB stellt das Herbeiführen von Explosionen unter Strafe, wenn hierdurch Leib oder Leben eines anderen Menschen oder fremde Sachen von bedeutendem Wert gefährdet werden.

Zur Verwirklichung des Tatbestandes bedarf es zunächst eines geeigneten Sprengmittels. Das Gesetzt nennt hier zunächst den Begriff „Sprengstoff“. Die genaue Bestimmung dieses Tatbestandmerkmals ist strittig. In der Literatur wird überwiegend die Auffassung vertreten, dass der Begriff „Sprengstoff“ mit dem Begriff „explosionsgefährliche Stoffe“

---

90 Döring/Bortz, S. 403 ff.; Hussy/Schreier/Echterhoff, S. 234 f..

91 BuF-Berichte, 2021-2023 (Anhang 3).

aus § 1 I Nr. 1 SprengG gleichzusetzen ist.[92] Gem. § 1 I Nr. 1 i.V.m. § 3 I Nr. 1 SprengG fallen hierunter feste oder flüssige Stoffe und Gemische (Stoffe), die durch eine gewöhnliche thermische, mechanische oder andere Beanspruchung zur Explosion gebracht werden können und sich bei der Durchführung von Prüfverfahren als explosionsgefährlich erwiesen haben, sowie Gegenstände, die solche Stoffe enthalten. Folglich werden keine gasförmigen Stoffe und Gemische erfasst.

Der BGH hingegen wendet für die §§ 308 I und 310 I Nr. 2 StGB eine weitgefasste gemeinsame Definition an. Sprengstoffe i.S.d. §§ 308 I, 310 I Nr. 2 StGB sind demnach „alle Stoffe, die bei Entzündung eine gewaltsame und plötzliche Ausdehnung dehnbarer (elastischer) Flüssigkeiten und Gase hervorrufen und geeignet sind, dadurch den Erfolg einer Zerstörung herbeizuführen."[93] Nach BGH ist unerheblich, welchen Aggregatzustand das Sprengmittel hat, also ob es fest, flüssig oder gasförmig ist, ob es beständig oder nur bei der Herstellung anwendbar ist und ob es einer Zündung von außen bedarf oder eine Detonation durch Selbstzündung möglich ist.[94]

Der Wortlaut des § 308 I StGB fordert allerdings lediglich, dass die Tat „namentlich" mit Sprengstoff begangen wird. Dadurch nimmt der Gesetzgeber gerade keine Begrenzung auf Sprengstoffe i.e.S. vor. Stattdessen sind jegliche Mittel einschlägig, die durch Entzündung oder Überdruck eine Detonation herbeiführen können.[95] Der Streitstand weist somit bzgl. des § 308 I StGB eine geringe praktische Relevanz auf, da auch Sprengmittel, welche nicht als Sprengstoff einzustufen sind, vom Tatbestand umfasst werden. Irrelevant sind der Aggregatzustand, die Beständigkeit und die Art und Weise der Zündung.[96] Gasgemische sind infolgedessen ebenfalls tatbestandsmäßig.[97]

Das Tatbestandsmerkmal der Explosion fordert, dass „eine durch einen chemischen oder physikalischen Vorgang ausgelöste Druckwelle, die in der

---

92 OLG Karlsruhe, Beschl. v. 19.12.2011 – 2 Ws 157/1, BeckRS 2011, 29344; Fischer, § 308, Rn. 3; § 310, Rn. 4; NK-Kargl, § 310, Rn. 6; S/S-Heine/Bosch, § 308, Rn. 4; § 310, Rn. 2; von Heintschel-Heinegg-Bange, § 310, Rn. 7.

93 BGHSt 61, 84 (91); ebenso: M/R-Dietmeier, § 308, Rn. 3; § 310, Rn. 3.

94 BGHSt 61, 84 (87); ebenso: RGSt 67, 35 (38); M/R-Dietmeier, § 308, Rn. 3.

95 BGHSt 61, 84 (91); Fischer, § 308, Rn. 3; LK-Valerius, § 308, Rn. 5 f.; S/S-Heine/Bosch, § 308, Rn. 5-6; SK-Wolters, § 308, Rn. 5; von Heintschel-Heinegg-Bange, § 308, Rn.7.

96 BGHSt 61, 84 (87); RGSt 67, 35 (38); Fischer, § 308, Rn. 3; LK-Valerius, § 308, Rn. 5; M/R-Dietmeier, § 310, Rn. 3; MüKo-Krack, § 308, Rn. 6; § 310, Rn. 5; S/S-Heine/Bosch, § 308, Rn. 5-6.

97 BGHSt 61, 84 (86); LK-Valerius, § 308, Rn. 5; S/S-Heine/Bosch, § 308, Rn. 5-6.

Lage ist, eine nicht unerhebliche zerstörerische Wirkung zu entfalten",[98] herbeigeführt wird. Der BGH fordert zudem ein Knallgeräusch.[99]

In der Literatur wird teilweise die Auffassung vertreten, dass eine durch einen physischen Vorgang ausgelöste Detonation nicht genügt, sondern es zwangsläufig eines chemischen Vorganges bedarf.[100] Diese Auffassung wird jedoch einerseits von der herrschenden Lehre als wenig sachgerecht angesehen[101] und soll andererseits im Rahmen dieser Arbeit nicht weiter vertieft werden, da dies für die Fälle von GAA-Sprengungen keine Bedeutung hat.

Da sowohl das Sprengmittel als auch die Explosion durch den Gesetzgeber weit gefasst sind und bereits alltägliche Situationen tatbestandlich relevant sein können, wird eine restriktive Auslegung des Begriffs der Explosion von der Literatur gefordert und in der Rechtsprechung angewandt. Hierzu wird eine Geringfügigkeitsgrenze in Form einer Sozialadäquanz eingebracht. Demnach sollen „sog. Kleinexplosionen im Rahmen sozialadäquaten Verhaltens"[102] aus dem Tatbestand herausfallen, und nur solche tatbestandlich sein, die über alltägliche Gefährdungskonstellationen hinausgehen.[103] Im Haushalt durch Druckkochtöpfe ausgelöste Detonationen oder das Abbrennen von Feuerwerkskörpern sollen somit nicht mit umfasst sein.[104]

Dennoch besteht Einigkeit darüber, dass Feuerwerkskörper nicht uneingeschränkt vom Tatbestand ausgeschlossen sind. Strafrechtlich relevant werden diese bspw., wenn eine Detonation durch Feuerwerkskörper, die im Inland nicht zugelassen sind, ausgelöst wird,[105] oder wenn Schwarzpulver aus handelsüblichen Feuerwerkskörpern entnommen und hieraus eigene Feuerwerkskörper hergestellt werden.[106] Begründet wird dies mit der Verwendung

---

[98] M/R-Dietmeier, § 308, Rn. 2; ebenso: Fischer, § 308, Rn. 3; S/S-Heine/Bosch, § 308, Rn. 3; MüKo-Krack, § 308, Rn. 3, 6.

[99] BGH, Urt. v. 10.02.2015 – 1 StR 488/14, BeckRS 2015, 5855, Rn. 24; ebenso: Fischer, § 308, Rn. 3; NK-Kargl, § 308, Rn. 3; von Heintschel-Heinegg-Bange, § 308, Rn. 6.

[100] NK-Kargl, § 308, Rn. 4.

[101] LK-Valerius, § 308, Rn. 6; MüKo-Krack, § 308, Rn. 5; SK-Wolters, § 308, Rn. 5.

[102] LG Braunschweig NStZ 1987, 231 (232).

[103] Fischer, § 308, Rn. 3; Lackner/Kühl/Heger, § 308, Rn. 2; M/R-Dietmeier, § 308, Rn. 2; MüKo-Krack, § 308, Rn. 4 f.; aA: LK-Valerius, § 308, Rn. 7; NK-Kargl, § 308, Rn. 4.

[104] Fischer, § 308, Rn. 3a; aA bzgl. eines nicht kategorischen Ausschluss von Feuerwerkskörpern: S/S-Heine/Bosch, § 308, Rn. 5-6.

[105] BGH, BeckRS 2015, 5855, Rn. 24; S/S-Heine/Bosch, § 308, Rn. 5-6.

[106] BGH NStZ-RR 1996, 132 (133); OLG Zweibrücken, Beschl. v. 16.09.2014 – 1 OLG 1 Ss 23/14, BeckRS 2014, 18231, Rn. 6.

entgegen des Vergnügungszwecks und der technischen Bestimmung.[107] Bei der Entscheidung darüber, ob solche Explosionen unter die Geringfügigkeitsgrenze fallen oder nicht, soll es auch auf die tatsächlich ausgelöste Gefahrenverursachung ankommen.[108] Bei Explosionen, die zwar durch Feuerwerkskörper ausgelöst werden, aber über der Geringfügigkeitsgrenze liegen, kann regelmäßig von einem minder schweren Fall gem. § 308 IV StGB ausgegangen werden.[109]

Weitergehend muss es zu einer konkreten Gefährdung für das Leben oder die Gesundheit eines anderen oder für fremdes Eigentum von bedeutendem Wert gekommen sein. Diese Gefahr muss sich als typische Folge einer Explosion und derer charakteristischen Gefährlichkeit darstellen.[110] In der Literatur wird weitestgehend die konkrete Gefahr mit der des § 315 I StGB gleichgesetzt.[111] Demnach muss sich einzelfallspezifisch[112] ergeben, dass nach Würdigung aller Umstände ein Schadenseintritt in so bedrohliche Nähe gerückt ist, dass sich der Eintritt bzw. das Ausbleiben des Schadens nur noch als Zufall darstellt.[113] Mindestvoraussetzung ist hierbei, dass die Situation im Rückblick gerade „noch einmal gut gegangen sei."[114] Bezogen auf das Phänomen von GAA-Sprengungen dürfte dies insb. bei möglichen Gefahren für Leib oder Leben von Anwohnerinnen und Anwohnern zu analysieren sein.

Eine Diskussion über die notwendige Konkretisierung der Gefahr für fremdes Eigentum von bedeutendem Wert ist entbehrlich, da es i.d.R. bereits zu einem Schadenseintritt kommt. Strittig wird lediglich die notwendige Höhe betrachtet, ab wann eine Sache einen bedeutenden Wert i.S.d. § 308 I StGB

---

[107] BGH NStZ-RR 1996, 132 (133); OLG Zweibrücken, BeckRS 2014, 18231, Rn. 6; LG Frankfurt am Main, Urt. v. 27.02.2013 – 5/30 KLs – 6120 Js 208420/11, BeckRS 2014, 18021.

[108] S/S-Heine/Bosch, § 308, Rn. 5-6; ähnlich: LK-Valerius, § 308, Rn. 7; MüKo-Krack, § 308, Rn. 5.

[109] S/S-Heine/Bosch, § 308, Rn. 5-6.

[110] LG Osnabrück, Urt. v. 23.03.2012 – 10 KLs 37/11, BeckRS 2012, 212873, Rn. 141; M/R-Dietmeier, § 308, Rn. 4; MüKo-Krack, § 308, Rn. 10; NK-Kargl, § 308, Rn. 6; S/S-Heine/Bosch, § 308, Rn. 7; SK-Wolters, § 308, Rn. 6.

[111] Fischer, § 308, Rn. 2; M/R-Dietmeier, § 308, Rn. 4; ähnlich: MüKo-Krack, § 308, Rn. 8 mit Verweis auf MüKo-Radtke, Vor § 306, Rn. 8.

[112] BGH NStZ-RR 1996, 132 (133).

[113] BGH NJW 1985, 1036 (1036); BGH NStZ-RR 2021, 187 (188); ebenso: Fischer, § 315, Rn. 14; § 315c, Rn. 15a; M/R-Renzikowski, § 315, Rn. 17; MüKo-Radtke, § Vor 306, Rn. 8.

[114] BGH NJW 1995, 3131 (3132).

erreicht hat. In der Literatur und Rechtsprechung finden sich hier Wertgrenzen zwischen 1500 und 5000 Euro.[115]

Im Einzelfall können weiterführend Erfolgsqualifikationen der Absätze 2 und 3 einschlägig sein, wenn durch typische unmittelbare und mittelbare Auswirkungen der Detonation eine schwere Gesundheitsschädigung eines Menschen, eine Gesundheitsschädigung einer großer Anzahl von Menschen herbeigeführt oder der Tod eines Menschen leichtfertig verursacht wurde.[116] Dies wird hier nicht weiterführend erläutert, da das Vorliegen von Strafbarkeitsverschärfungen im Falle des § 308 I StGB keine Relevanz für ein früheres Begründen eines Anfangsverdachts aufweist. Andersherum kann bei geringerer Gefahr der Explosion und der Verwendung von Explosivstoffen von geringerer Gefährlichkeit[117] ein minder schwerer Fall gem. Absatz 4 anzunehmen sein. Gem. § 12 III StGB hat dies auf die Einstufung als Verbrechen gem. § 12 I StGB keinen Einfluss.

### 2. Vorbereitung eines Explosionsverbrechens gem. § 310 I Nr. 2 StGB

Aufgrund der besonderen Gefährdungslagen für Dritte bei dem Umgang mit Sprengstoffen[118] sind bereits Vorbereitungshandlungen von Taten nach § 308 I StGB, welche mit Sprengstoff begangen werden sollen, gem. § 310 I Nr. 2 StGB als eigenständiges Delikt[119] unter Strafe gestellt. Tatbestandsmäßig handelt demnach, wer Sprengstoffe oder die zur Ausführung der Tat erforderlichen besonderen Vorrichtungen herstellt, verschafft, verwahrt oder überlässt, um eine Straftat nach § 308 I StGB vorzubereiten.

Vorausgesetzt ist zunächst, dass die Tat, die nach § 308 I StGB angestrebt wird, mit Sprengstoff begangen werden soll. Demzufolge sind nicht, wie im § 308 I StGB selbst, alle zu Explosionen geeigneten Mittel tatbestandsmäßig.[120]

Je nach tatsächlich verwendetem Sprengmittel ist daher strittig, ob der § 310 I Nr. 2 StGB zur Anwendung kommen kann oder nicht. Der Streitstand über den Begriff Sprengstoff ist somit für den § 310 I Nr. 2 StGB – im Gegensatz

---

[115] 1500 Euro: BGH, BeckRS 2015, 5855, Rn. 58; BGH NJW 2017, 743 (743); BGH, Beschl. v. 20.06.2019 – 5 StR 127/19, BeckRS 2019, 15627; 2500 Euro: LK-Valerius, § 308, Rn. 13; 5000 Euro: MüKo-Krack, § 308, Rn. 9; S/S-Heine/Bosch, § 308, Rn.7.

[116] S/S-Heine/Bosch, § 308, Rn. 10a f..

[117] Fischer, § 308, Rn. 9; LK-Valerius, § 308, Rn. 32; S/S-Heine/Bosch, § 308, Rn. 10c.

[118] BT-Drs. 4/650, 503 (504); BGHSt 61, 84 (88).

[119] LK-Valerius, § 310, Rn. 1; MüKo-Krack, § 310, Rn. 1; NK-Kragl, § 310, Rn. 2; S/S-Heine/Bosch, § 310, Rn. 1.

[120] S/S-Heine/Bosch, § 310, Rn. 2.

zum § 308 I StGB – von erheblicher Bedeutung. Bei Gasgemischen würde nach der herrschenden Lehre eine Strafbarkeit entfallen. Diese Auffassung erscheint in Hinblick auf den Strafzweck der Norm wenig sachgerecht. Bestraft werden soll das vorbereitende Handeln, weil bereits der Umgang mit sprengfähigen Mitteln eine besondere Gefährdung darstellt.[121] Hierbei lässt sich nicht logisch erschließen, warum eine solche Gefährdung vom Aggregatzustand des explosionsfähigen Stoffes abhängen sollte. Eine bspw. nicht ordnungsgemäß verschlossene Gasflasche wäre dann, trotz der offensichtlichen Gefahr einer Zündung des ausgetretenen Gases, nicht tatbestandmäßig.

Weiter wird die Eingrenzung auf Sprengstoff in der Gesetzesbegründung damit legitimiert, dass wiederum nicht mit Sprengstoff durchgeführte Taten i.d.R. nicht langfristig geplant werden.[122] Auch hierbei lässt sich nicht nachvollziehen, warum davon auszugehen ist, dass Taten, die mit festem Sprengstoff begangen werden sollen, länger geplant werden, als solche mit gasförmigen Mitteln.

Das gültige, anzuwendende Recht dürfte sich daher an der aktuellen höchstrichterlichen Rechtsprechung zu orientieren haben. Infolgedessen sind sowohl eine Einstufung als explosionsgefährlicher Stoff gem. § 1 I SprengG als auch der Aggregatzustand des Sprengmittels von keinerlei Bedeutung.

Ist die Ausgangssituation geschaffen, stellt der § 310 I Nr. 2 StGB die o.g. Handlungsalternativen im Umgang mit Sprengstoffen oder den zur Ausführung der Tat erforderlichen besonderen Vorrichtungen unter Strafe. Gemeint sind hiermit „Apparaturen und Instrumente, Zünder und sonstiges technisches Zubehör“,[123] welche für die Durchführung von Explosionsverbrechen verwendet werden sollen.

Die Einschränkung, dass diese Vorrichtungen „besonders“ sein müssen, wird in der Literatur aufgrund seiner Unbestimmtheit kritisch betrachtet.[124] Zwar stellt sich das Merkmal unproblematisch bei Zubehör dar, welches typischerweise für die Durchführung eines Explosionsverbrechens geeignet und bestimmt ist,[125] jedoch wohl schon problematisch, wenn alltägliche Gegenstände vermeintlich zum Herbeiführen einer Sprengstoffexplosion verwendet werden sollen. Eben diese alltäglichen Gegenstände (bspw.

---

[121] BT-Drs. 4/650, 503 (504).

[122] BT-Drs. 4/650, 503 (504).

[123] S/S-Heine/Bosch, § 310, Rn. 5; ähnlich: Begründung zu 311 aF: BT-Drs. 4/2186, 3 (3); LK-Valerius, § 308, Rn. 6; SK-Wolters, § 310, Rn. 3.

[124] MüKo-Krack, § 310, Rn. 6; NK-Kargl, § 310, Rn. 7; S/S-Heine/Bosch, § 310, Rn. 5.

[125] Fischer, § 310, Rn. 4; Lackner/Kühl/Heger, § 310, Rn. 2; S/S-Heine/Bosch, § 310, Rn. 5.

handelsübliche Batterien, Wecker, Kabel, Draht oder ähnliches),[126] sollen grds. vom Tatbestand ausgeschlossen sein, um keine willkürlichen Anfangsverdachte von Straftaten zu begründen. Sie werden erst vom Tatbestand erfasst, wenn sie speziell zur Durchführung von Sprengstoffexplosionen technisch präpariert wurden.[127] In Teilen der Literatur und Rechtsprechung wird zudem gefordert, dass es der Verbindung zu einer Konstruktion bedarf, die einen Sprengsatz zur Detonation bringen kann.[128]

Als Tathandlung kommt das Herstellen, Verschaffen, Verwahren oder Überlassen in Betracht. Da die Vorbereitungshandlungen i.d.R. bereits in den Niederlanden durchgeführt werden, ist aufgrund des Tatortprinzips gem. § 3 StGB bei dem Phänomen GAA-Sprengungen das Tatbestandsmerkmal „Verwahren“ von besonderer Relevanz. Verwahren meint nach einheitlich rechtlicher Auffassung das Ausüben der tatsächlichen Herrschaftsgewalt i.S.d. Gewahrsams gem. § 242 I StGB.[129] Hierzu bedarf es eines tatsächlichen Herrschaftsverhältnisses in Form der tatsächlichen Sachherrschaft einer Person über eine Sache, welche von einem Herrschaftswillen getragen wird.[130] Mitgewahrsam mehrerer Personen an einer Sache ist in diesem Sinne ebenfalls möglich.[131]

Subjektiv setzt die Norm voraus, dass die Straftat nach § 308 I StGB nach der Vorstellung der Täterin oder des Täters bis zu einem gewissen Punkt konkretisiert ist. Im § 310 I Nr. 1 StGB wird eine solche Konkretisierung explizit durch den Wortlaut „bestimmt“ gefordert. Der § 310 I Nr. 2 StGB hingegen weist einen solchen Wortlaut nicht auf. Die herrschende Lehre sowie die Rechtsprechung sind dennoch der Auffassung, dass die Tat auch bei

---

[126] Fischer, § 310, Rn. 4; Lackner/Kühl/Heger, § 310, Rn. 2; LK-Valerius, § 308, Rn. 6; M/R-Dietmeier, § 310, Rn. 3; MüKo-Krack, § 310, Rn. 6; NK-Kargl, § 310, Rn. 7; S/S-Heine/Bosch, § 310, Rn. 5; SK-Wolters, § 310, Rn. 3; von Heintschel-Heinegg-Bange, § 310, Rn. 8.

[127] Fischer, § 310, Rn. 4; Lackner/Kühl/Heger, § 310, Rn. 2; LK-Valerius, § 308, Rn. 6; M/R-Dietmeier, § 310, Rn. 3; MüKo-Krack, § 310, Rn. 6; NK-Kargl, § 310, Rn. 7; S/S-Heine/Bosch, § 310, Rn. 5; SK-Wolters, § 310, Rn. 3; SSW-StGB-Wolters, § 310, Rn. 3.

[128] OLG Karlsruhe, BeckRS 2011, 29344; SK-Wolters, § 310, Rn. 3; SSW-StGB-Wolters, § 310, Rn. 3; von Heintschel-Heinegg-Bange, § 310, Rn. 8; aA: MüKo-Krack, § 310, Rn. 6.

[129] Fischer, § 310, Rn. 3; M/R-Dietmeier, § 310, Rn. 4; MüKo-Krack, § 310, Rn. 8; S/S-Heine/Bosch, § 310, Rn. 6; von Heintschel-Heinegg-Bange, § 310, Rn. 11 f..

[130] BGHSt 8, 273 (274 f.); BGHSt 16, 271 (273); Fischer, § 242, Rn. 11; M/R-Schmidt, § 242, Rn. 12; MüKo-Krack, § 310, Rn. 8; S/S-Bosch, § 242, Rn. 23.

[131] El-Ghazi, NStZ 2021, 427 (428); Haffke, GA 1972, 225 (225); M/R-Schmidt, § 242, Rn. 15; MüKo-Schmitz, § 242, Rn. 79.

§ 310 I Nr. 2 StGB hinreichend konkretisiert und in ihren wesentlichen Umrissen geplant sein muss.[132] Das Verbrechen muss demzufolge in der Vorstellung der Täterin oder des Täters nach Deliktstyp, Tatziel, Tatzeit und Tatmodalitäten grob umrissen in seinen Grundzügen feststehen.[133] Hieran sind nur geringe Anforderungen zu stellen.[134] Eine präzise Festlegung von Einzelheiten hinsichtlich Art der Ausführung, des Zeitpunktes und des Ortes ist nicht erforderlich.[135]

Konkurrenzen können u.a. mit § 40 I, II, III, IV SprengG bestehen,[136] worauf nachfolgend aus Platzgründen nicht weiter eingegangen wird. Die Strafbarkeit des § 310 I Nr. 2 StGB tritt hinter der Strafbarkeit des Versuchs oder der Vollendung des § 308 I StGB zurück.[137] Mit dem § 30 II Alt. 3 i.V.m. § 308 I StGB ist aufgrund der verschiedenen Unrechtsgehalte und der höheren Strafandrohung des § 30 II Alt. 3 i.V.m. § 308 I StGB hingegen Tateinheit möglich.[138]

### 3. Schwerer Bandendiebstahl gem. §§ 242 I, 244a I StGB

Aufgrund der Ent- und Mitnahme der Geldscheine aus den GAAs sind die Diebstahlsdelikte gem. §§ 242 ff. StGB miteinzubeziehen. Ein einfacher Diebstahl gem. § 242 I StGB ist bei Fällen von GAA-Sprengungen unproblematisch zu bejahen.[139] Für eine Strafbarkeit nach § 30 II Alt. 3 StGB bedarf es weiterführend eines Verbrechens. Da die Strafverschärfung gem. § 244a I StGB ein solches darstellt, ist sie zur Begründung einer Vorfeldstrafbarkeit von besonderer Relevanz.

---

[132] BGH NJW 1977, 540 (540); OLG Karlsruhe, BeckRS 2011, 29344; OLG Karlsruhe NStZ 2012, 390 (391 f.); Fischer, § 310, Rn, 5; Herzberg, JR 1977, 469 (471); Lackner/Kühl/Heger, § 310, Rn. 3; LK-Valerius, § 308, Rn. 16; M/R-Dietmeier, § 310, Rn. 5; MüKo-Krack, § 310, Rn. 11; SK-Wolters, § 310, Rn. 11.

[133] BGH NStZ 2021, 614 (614); OLG Karlsruhe, BeckRS 2011, 29344; OLG Karlsruhe NStZ 2012, 390 (391 f.); NK-Kargl, § 310, Rn. 13.

[134] OLG Karlsruhe, BeckRS 2011, 29344.

[135] OLG Karlsruhe, BeckRS 2011, 29344; S/S-Heine/Bosch, § 310, Rn. 1; von Heintschel-Heinegg-Bange, § 310, Rn. 9, 11.

[136] zu den verschiedenen Konkurrenzverhältnissen: Fischer, § 310, Rn. 9; MüKo-Krack, § 310, Rn. 15.

[137] Fischer, § 310, Rn. 9; M/R-Dietmeier, § 310, Rn. 6; MüKo-Krack, § 310, Rn. 15.

[138] BGHSt 61, 84 (91 f.); Fischer, § 310, Rn. 9; Lackner/Kühl/Heger, § 310, Rn. 5; LK-Valerius, § 310, Rn. 24; aA: MüKo-Krack, § 310, Rn. 15; S/S-Heine/Bosch, § 310, Rn.11.

[139] BGH, Beschl. v. 10.06.2020 – 5 StR 635/19 – , juris, Rn. 13; BKA 2022, S. 4.

Der § 244a I StGB ahndet den Bandendiebstahl, wenn eine der in § 243 I 2 StGB genannten Voraussetzungen oder ein Fall des § 244 I Nr. 1 oder 3 StGB vorliegt. Da bei einem Stehlen aus einem GAA-Tresor zumindest die Voraussetzung des verschlossenen Behältnisses gem. § 243 I 2 Nr. 2 StGB vorliegen dürfte, wird auf eine nähere Analyse aller in Frage kommenden Voraussetzungen aus Platzgründen verzichtet.

Zur Verwirklichung des Tatbestandes ist es unabdingbar, dass die Tat als Mitglied einer Bande unter Mitwirkung eines anderen Bandenmitglieds begangen wird. Die Bande in § 244a I StGB ist mit der aus § 244 I Nr. 2 StGB gleichzusetzen.[140] Sie wird definiert als eine Gruppe von mindestens drei Personen,[141] „die sich ausdrücklich oder stillschweigend zur Verübung fortgesetzter […], im Einzelnen möglicherweise ungewisser Diebes- oder Raubtaten […] verbunden hat."[142] Es genügt im Gegensatz dazu nicht, wenn zunächst eine Verabredung für nur eine Tat getroffen wird und weitere Taten der Fassung eines jeweils neuen Tatentschlusses entspringen.[143] Demnach darf nicht allein aufgrund deliktischen Zusammenwirkens auf eine Bandenabrede geschlossen werden.[144] Erforderlich ist zwecks Abgrenzung von der Mittäterschaft gem. § 25 II StGB vielmehr eine sorgfältige und umfassende Würdigung aller Umstände,[145] bei der insb. die Anzahl der Täterinnen und Täter, eine Vielzahl von Taten und ein beträchtlicher Tatzeitraum Indizien für eine Bandenabrede darstellen können.[146]

Zudem muss der Beteiligte „als Mitglied" einer Bande handeln. Dies meint, dass die Täterin oder der Täter über die Einzeltat hinaus auch an der Gesamtabrede[147] und der Organisation der Bande beteiligt ist, bandeninterne Regeln akzeptiert, zur Aufrechterhaltung der Bande beiträgt und an den von der Bande durchgeführten Straftaten teilnimmt.[148] Die Folge ist, dass – auch wenn eine Bande besteht – nicht automatisch jede oder jeder an der

---

140 Fischer, § 244a, Rn. 2a; M/R-Schmidt, § 244a, Rn. 2; S/S-Bosch, § 244a, Rn. 4; von Heintschel-Heinegg-Wittig, § 244a, Rn. 2.

141 BGHSt 46, 321 (325); Fischer, § 244, Rn. 34; aA: BGHSt 23, 239 (239 f.); BGHSt 38, 26 (27 f.); BGHSt 46, 120 (122); S/S-Bosch, § 244, Rn. 24.

142 Fischer, § 244, Rn. 34; ebenso: BGHSt 46, 321 (325); M/R-Schmidt, § 244, Rn. 12; S/S-Bosch, § 244, Rn. 25; von Heintschel-Heinegg-Wittig, § 244, Rn. 15.

143 BGH StV 1996, 99 (100); BGH NStZ 1996, 442 (442); BGH NStZ-RR 2016, 11 (11).

144 BGH NStZ-RR 2016, 11 (11).

145 BGH StV 2013, 508 (509); BGH NStZ-RR 2016, 11 (11).

146 BGHSt 50, 160 (163); BGH NStZ 2006, 574 (574).

147 BGH StraFo 2011, 521 (521); Fischer, § 244, Rn. 41.

148 BGH NStZ-RR 2013, 208 (209).

Bandentat Beteiligte automatisch Mitglied der Bande ist.[149] Tatbeteiligte, die selbst nicht Teil der Bande sind, können nach herrschender Lehre und aktueller Rechtsprechung nur nach dem Grunddelikt bestraft werden,[150] da die Eigenschaft des Mitglieds ein besonderes persönliches Merkmal i.S.d. § 28 II StGB darstellt.[151]

## 4. Weitere mögliche Strafnormen im Besonderen Teil

Je nach eingetretenem Sachverhalt sind einzelfallabhängig weitere Strafnormen einschlägig, welche nachfolgend dargestellt, jedoch nicht näher analysiert werden.

Es könnten bspw. die Körperverletzungsdelikte gem. §§ 223 ff. StGB oder die Straftaten gegen das Leben gem. §§ 211 ff. StGB zum Tragen kommen, wenn bspw. Anwohnerinnen oder Anwohner in ihrem körperlichen Wohlbefinden beeinträchtigt werden oder sogar zu Tode kommen. Weiterhin können Brandstiftungsdelikte gem. §§ 306 ff. StGB Strafbarkeiten begründen, wenn durch die Explosion ein Feuer ausbricht, wie es 2021 bei einem Angriff der Fall war.[152] Aufgrund der Beschädigungen und Zerstörungen können die Taten auch nach den Sachbeschädigungsdelikten gem. §§ 303 ff. StGB bzw. insb. dem Qualifikationstatbestand[153] § 305 StGB – Zerstören von Bauwerken – strafbar sein.

Vor und nach der eigentlichen Tat kann es zudem bei der Anfahrt und bei der Flucht aufgrund „halsbrecherischer Fahrweise"[154] und dem Einfluss von Betäubungsmitteln[155] zur Vollendung verschiedener Straßenverkehrsdelikte gem. §§ 315 ff. StGB kommen.

Die dahinterstehenden kriminellen Netzwerke könnten zudem Strafbarkeiten durch die Bildung bewaffneter Gruppen gem. § 128 StGB oder die Bildung krimineller Vereinigungen gem. § 129 StGB begründen.

---

149 BGH, Beschl. v. 10.11.2006 - 5 StR 386/06, BeckRS 2006, 14037, Rn. 10; BGH StraFo 2011, 520 (520); BGH StraFo 2011, 521 (521); BGH NStZ-RR 2013, 77 (77).

150 BGH NStZ 2007, 101 (101); BGH NStZ 2013, 102 (103); Fischer, § 244, Rn. 44; M/R-Schmidt, § 244, Rn. 12; von Heintschel-Heinegg-Wittig, § 244, Rn. 20; § 244a, Rn. 3; aA: S/S-Bosch, § 244, Rn. 28/29.

151 BGHSt 12, 220 (226 f.); BGHSt 46, 120 (128); BGHSt 47, 214 (216); BGH NStZ 1996, 128 (129); BGH NStZ 2007, 101 (101); bzgl. § 244a StGB BGH NStZ 2007, 526 (526); aA: BGHSt 6, 260 (260 ff.); BGHSt 8, 205 (208).

152 BKA 2022, S. 5, 8.

153 Fischer, § 305, Rn. 1; MüKo-Wieck/Noodt, § 305, Rn. 2; S/S-Hecker, § 305, Rn. 1.

154 Lübbers 2023 (Anhang 2.2, Zeilen 340).

155 Lübbers 2023 (Anhang 2.2, Zeilen 245-450).

## II. Unmittelbares Ansetzen i.S.d. § 22 StGB

Gem. § 23 I StGB ist der Versuch eines Verbrechens strafbar. Aus dem Kreis der relevanten Tatbestände trifft dies auf die § 308 I StGB und §§ 242 I, 244a I StGB zu. Voraussetzung ist gem. § 22 StGB, dass die Täterin oder der Täter zur Verwirklichung des Tatbestandes unmittelbar ansetzt.

Ein unmittelbares Ansetzen liegt vor, „wenn der Täter subjektiv die Schwelle zum ‚jetzt geht es los' überschreitet und objektiv zur tatbestandlichen Angriffshandlung ansetzt, so dass sein Tun ohne Zwischenakte in die Tatbestandserfüllung übergeht."[156] Da der Zeitpunkt des unmittelbaren Ansetzens tatbestandsbezogen zu bestimmen ist,[157] können tateinheitlich begangene Delikte im Moment des Versuchsbeginns auseinanderfallen. Das unmittelbare Ansetzen des § 308 I StGB lässt sich mitunter erst später begründen als der Versuchsbeginn beim Diebstahl.[158]

Beim Diebstahl hat der Tatausführende nach höchstrichterlicher Rechtsprechung ab Aufhebeln des Bedienteils bzw. der Abdeckung des GAA unmittelbar zur Tat angesetzt.[159] Für den § 308 I StGB dürfte ein unmittelbares Ansetzen hingegen erst anzunehmen sein, wenn, im Falle einer Explosion mit einem Gasgemisch, die Gasflasche aufgedreht wird. Voraussetzung ist hierbei weiter, dass die Täterin oder der Täter nach der eigenen Vorstellung bereits durch das Einleiten des Gases den weiteren Geschehensablauf aus den Händen gibt.[160] Geht die Täterin oder der Täter hingegen davon aus, dass der Stoff noch gezündet werden muss, lässt sich das unmittelbare Ansetzen wohl erst begründen, wenn der Auslöser am Zünder betätigt wird.[161]

---

[156] BGH NJW 1979, 378 (378); ebenso: BGHSt 26, 201 (203 f.); BGH NJW 1976, 58 (58); BGH NStZ 2019, 79 (79); BGH, Beschl. v. 21.08.2019 – 1 StR 191/19, BeckRS 2019, 26446, Rn. 8; Fischer, § 22, Rn. 10; M/R-Heger/Petzsche, § 22, Rn. 27, MüKo-Hoffmann/Holland, § 22, Rn. 109; von Heintschel-Heinegg-Cornelius, § 22, Rn. 34.

[157] stRspr vgl. nur BGHSt 37, 294 (296); BGH NJW 1991, 1839 (1839); BGH NJW 2010, 623 (623); BGH NStZ 2015, 207 (207); BGH NJW 2020, 2570 (2571).

[158] BGH, Beschl. v. 10.06.2020 – 5 StR 635/19 – , juris, Rn. 13.

[159] BGH, Beschl. v. 10.06.2020 – 5 StR 635/19 – , juris, Rn. 10.

[160] BGH NStZ 2008, 209 (209).

[161] vgl. BGH NStZ 2008, 209 (209).

## III. Verabredung zu einem Verbrechen gem. § 30 II Alt. 3 StGB

Der § 30 II Alt. 3 StGB ist, wie das Konstrukt des Versuchs gem. §§ 22, 23 I StGB, kein selbstständiges Delikt, sondern ein Strafausdehnungsgrund.[162] Er stellt bereits das Verabreden zu einem Verbrechen unter Strafe und verlagert die Strafbarkeit über mögliche Vorbereitungshandlungen hinaus nach vorne. Aus dem Katalog der bei GAA-Sprengungen begangenen Tatbestände dürften als Grunddelikt vor allem der schwere Bandendiebstahl gem. §§ 242 I, 244a I StGB und das Herbeiführen von Sprengstoffexplosionen gem. § 308 I StGB in Betracht kommen. Ab dem Erreichen des Versuchsstadiums des Grunddelikts tritt der § 30 II Alt. 3 StGB als subsidiäres Delikt zurück.[163]

Begründet wird die weite Vorverlegung der Strafbarkeit darin, dass die Beteiligten sich an die Gruppe und die Verabredung binden und ein konspiratives Zusammenwirken mehrerer Personen eine Gruppendynamik in Gang setzt, sodass in Folge dieser zwei Faktoren die Ausführung der Tat wahrscheinlicher wird.[164] In der Literatur wird diese Vorverlagerung aufgrund der abstrakten und objektiv geringen Gefährlichkeit als problematisch angesehen,[165] weshalb es den § 30 StGB in Gänze restriktiv auszulegen gilt.[166]

Eine Verabredung meint den auch stillschweigenden[167] „Entschluss von mindestens zwei Personen […], als Mittäter ein bestimmtes Verbrechen zu begehen."[168] Dieser Tatentschluss muss bereits endgültig gefasst sein.[169] Bloße Vorbesprechungen, Planungen oder das Abwägen von Erfolgs-

---

[162] BGHSt 32, 133 (135f.); BGHSt 40, 73 (75); BGH, Beschl. v. 11.06.1991 – 1 StR 269/91, BeckRS 1991, 31085397; Fischer, § 30, Rn. 3; LK-Schünemann/Greco, § 30, Rn. 1; M/R-Heger/Petzsche, § 30, Rn. 5; NK-Engländer, § 30, Rn. 1; S/S-Heine/Weißer, § 30, Rn. 2; Thalheimer, S. 8 ff.; von Heintschel-Heinegg-Cornelius, § 30, Rn. 3.

[163] S/S-Heine/Weißer, § 30, Rn. 3.

[164] BGHSt 44, 91 (95); BGHSt 61, 84 (92); M/R-Heger/Petzsche, § 30, Rn. 1; S/S-Heine/Weißer, § 30, Rn.1; von Heintschel-Heinegg-Cornelius, § 30, Rn. 3.

[165] M/R-Heger/Petzsche, § 30, Rn. 2; NK-Engländer, § 30, Rn. 3.; S/S-Heine/Weißer, § 30, Rn. 1.

[166] M/R-Heger/Petzsche, § 30, Rn. 2; MüKo-Joecks/Scheinfeld, § 30, Rn. 3; NK-Engländer, § 30, Rn. 4; S/S-Heine/Weißer, § 30, Rn. 1; SSW-StGB-Murmann, § 30, Rn. 1; von Heintschel-Heinegg-Cornelius, § 30, Rn. 1.

[167] BGH, Beschl. v. 15.11.2016 – 3 StR 368/16, BeckRS 2016, 109921, Rn. 6; BGH NStZ 2009, 497 (498); Fieber, S. 60; LK-Schünemann/Greco, § 30, Rn. 61; M/R-Heger/Petzsche, § 30, Rn. 19; S/S-Heine/Weißer, § 30, Rn. 24.

[168] BGH, Beschl. v. 15.12.2016 – AK 63/16, BeckRS 2016, 112031, Rn. 32.

[169] BGH NStZ 2009, 497 (497 f.); S/S-Heine/Weißer, § 30, Rn. 6.

chancen genügen nicht.[170] Der Entschluss muss zudem ein mittäterschaftliches Vorgehen beinhalten. Eine dementsprechende Absprache zur Beihilfe ist nicht tatbestandsmäßig.[171] Maßstab sind die Voraussetzungen des § 25 II StGB.[172] Es muss also jede oder jeder Tatbeteiligte eine für sich wesentliche Rolle einnehmen.[173] Die ggf. eigenständig zu erbringenden Einzelbeiträge[174] müssen außerdem durch bewusstes und gewolltes Zusammenwirken[175] in „allseits bewusster Koordination“[176] arbeitsteilig begangen werden. Die reine Verbindung oder Zugehörigkeit zu einer Bande reicht nicht aus.[177] Wird die Ausführung der geplanten Tat noch von Bedingungen wie z.B. dem Eintritt oder Ausbleiben von für die Täterinnen und Täter relevanten Faktoren abhängig gemacht, steht dies der Begründung eines Tatentschlusses nicht im Wege.[178]

Weiterführend muss sich diese mittäterschaftliche Absprache auf ein bestimmtes Verbrechen beziehen. „Bestimmt“ meint, wie bei § 310 I Nr. 2 StGB, dass die Tat, wenn auch nicht in allen Einzelheiten, bereits in gewissem Maße konkretisiert sein muss.[179] Nach aktueller Rechtsprechung wird gefordert, dass die Tat bereits so weit geplant ist, dass jede oder jeder Beteiligte sie „begehen könnte, wenn er wollte“[180] bzw. wenn sie oder er den gesamten Tatplan kennen würde.[181] Die noch nicht verbindliche Festlegung von Zeit, Ort oder einzelnen Tatmodalitäten soll eine Verabredung nicht

---

[170] BGHSt 12, 306 (309); Fieber, S. 60.

[171] BGH NStZ 2012, 626 (627); Fieber, S. 60; M/R-Heger/Petzsche, § 30, Rn. 15; S/S-Heine/Weißer, § 30, Rn. 24.

[172] BGH NStZ 2007, 697 (697); BGH NStZ 2012, 514 (515); Fischer, § 30, Rn. 19; M/R-Heger/Petzsche, § 30, Rn. 10, 19; S/S-Heine/Weißer, § 30, Rn. 24; SK-Hoyer, § 30, Rn. 54; Thalheimer, S. 107.

[173] M/R-Haas, § 25, Rn. 69; S/S-Heine/Weißer, § 25, Rn. 71.

[174] BGH NStZ 2009, 25 (26 f.); M/R-Haas, § 25, Rn. 69.

[175] BGHSt 6, 248 (249); RGSt 58, 279 (279); OLG Düsseldorf NJW 1987, 268 (269); S/S-Heine/Weißer, § 25, Rn. 72.

[176] S/S-Heine/Weißer, § 25, Rn. 72; ebenso: M/R-Haas, § 25, Rn. 65.

[177] BGH NStZ-RR 2003, 265 (267); BGH NStZ-RR 2016, 139 (139); BGH NStZ-RR 2016, 375 (376).

[178] BGHSt 12, 306 (309); Fieber, S. 60 f.; Fischer, § 30, Rn. 10a; S/S-Heine/Weißer, § 30, Rn. 6.

[179] BGH NJW 1973, 156 (157); Fieber, S. 69; Fischer, § 30, Rn, 10, 19; S/S-Heine/Weißer, § 30, Rn. 5; von Heintschel-Heinegg-Cornelius, § 30, Rn. 15.

[180] BGH NStZ-RR 2018, 10 (12); ebenso: BGHSt 18, 160 (161); BGHSt 50, 142; Fischer, § 30, Rn. 10.

[181] Bloy, JR 1992, 493 (495).

grds. ausschließen.[182] Demgegenüber kann eine Verabredung jedoch nicht vorliegen, wenn Ort, Zeit und Auswahlkriterien potenzieller Opfer gänzlich unbestimmt[183] oder so wenig konkretisiert sind, dass sie „völlig im Vagen bleiben".[184] Sie müssen wenigstens umrisshaft individualisiert sein.[185]

Bzgl. der erforderlichen Bestimmung des Tatzieles soll zwischen Vermögensdelikten und Delikten gegen die Person unterschieden werden.[186] Während bei Delikten gegen die Person eine individualisierte Konkretisierung erforderlich sein soll,[187] wird eine solche bei Vermögensdelikten nicht für notwendig erachtet.[188]

## IV. Begründung eines Anfangsverdachts gem. § 152 II StPO

Strafprozessuale Maßnahmen dürfen erst getroffen werden, wenn ein Anfangsverdacht gem. § 152 II StPO gegeben ist. Anhand des Gesetzes bedarf es „zureichender tatsächlicher Anhaltspunkte", also dem Vorliegen von konkreten Tatsachen, auf welche sich der Verdacht stützen kann.[189] Die Schwelle hierfür soll nicht hoch anzusetzen sein, da „die Erforschung des Sachverhalts gerade die Aufgabe des Ermittlungsverfahrens ist."[190]

---

[182] Fieber, S. 69; M/R-Heger/Petzsche, § 30, Rn. 10; von Heintschel-Heinegg-Cornelius, § 30, Rn. 15.

[183] BGH NJW 2013, 483 (483); BGH NStZ-RR 2018, 10 (12).

[184] BGH, Beschl. v. 21.11.2018 – 1 StR 506/18, BeckRS 2018, 30630, Rn. 5; ebenso: von Heintschel-Heinegg-Cornelius, § 30, Rn. 15.

[185] Fieber, S. 69; Fischer, § 30, Rn. 19; LK-Schünemann/Greco, § 30, Rn. 68; M/R-Heger/Petzsche, § 30, Rn. 20; NK-Engländer, § 30, Rn. 35; Roxin AT II, § 28, Rn. 56; S/S-Heine/Weißer, § 30, Rn. 5.

[186] Maurach, JZ 1961, 137 (140); von Heintschel-Heinegg-Cornelius, § 30, Rn. 17; aA: Fieber, S. 70 f.; LK-Schünemann/Greco, § 30, Rn. 69 (abhängig davon, ob es bei der Tat auf die Individualisierung des Tatzieles ankommt); SK-Hoyer, § 30, Rn. 54; NK-Engländer, § 30, Rn. 35 (allgemein keine Konkretisierung des Tatzieles erforderlich).

[187] BGH, BeckRS 2018, 30630, Rn. 5.

[188] RGSt 34, 327 (328); BayObLGSt 1954, 38 (40); Fischer, § 30, Rn. 10; M/R-Heger/Petzsche, § 30, Rn. 20; Maurach, JZ 1961, 137 (140); Roxin AT II, § 28, Rn. 57.

[189] BGH NStZ 1994, 499 (500); Graf-Beukelmann, § 152, Rn. 4; HK-Gercke, § 152, Rn. 12; Meyer-Goßner/Schmitt-Schmitt, § 152, Rn. 4; SSW-StPO-Schnabl, § 152, Rn. 6.

[190] Rundverfügung des GStA des Landes Brandenburg v. 21.08.1998 i.d.F. v. 10.12.2008, S. 3, staatsanwaltschaften.brandenburg.de/sta/de/publikationen/ansicht-publikation/~ 10-03-2020-richtlinien-fuer-die-pruefung-eines-anfangsverdachts-wegen-einer-straftat-rundverfuegung, abgerufen am 10.04.2023.

Eine allgemeingültige Abgrenzung, wann ein Anfangsverdacht vorliegt und wann nicht, kann aufgrund der Individualität möglicher Sachverhalte nur unscharf getroffen werden.[191] In diesbezüglichen Versuchen wird festgehalten, dass vage Anhaltspunkte, bloße Vermutungen oder denktheoretische Möglichkeiten nicht ausreichen sollen, um einen Anfangsverdacht zu begründen.[192] Wohlschon genügt bereits das Vorliegen von Indizien, welche anhand von kriminalistischen Erfahrungen[193] einen strafrechtlichen Verstoß als möglich erscheinen lassen.[194] Demzufolge gilt, anhand einer Abwägung von entlastenden und belastenden Momenten zu beurteilen, ob ein Anfangsverdacht begründet werden kann.[195] Die Entscheidung kann aufgrund der individuellen kriminalistischen Erfahrung der beurteilenden Person im Einzelfall unterschiedlich ausfallen.[196]

Bei erst einmal rein legalem Verhalten (bspw. Besitz eines Brecheisens) kann unproblematisch ein Anfangsverdacht gegenüber einer Person begründet werden, wenn bereits bekannt ist, dass eine Straftat begangen wurde (bspw. wenn Kenntnis besteht, dass ein Täter einen Einbruch mit ein Brecheisen begangen hat).[197] Problematisch ist die Begründung eines Anfangsverdachts bei rechtskonformem Verhalten hingegen, wenn keine Kenntnis von einer Straftat besteht und bestimmte Handlungen nach kriminalistischer Erfahrung lediglich die Möglichkeit aufwerfen, dass das Verhalten einer Person einen strafrechtlich relevanten Hintergrund hat.[198]

Nach BVerfG darf rein legales Verhalten ohne weitere Anhaltspunkte nicht genügen, um einen Anfangsverdacht zu begründen, da so rechtstreue Handlungen unter Generalverdacht gestellt würden.[199] Dies würde auf die

---

191 Hoven, NStZ 2014, 361 (362).

192 BVerfGE 115, 166 (197); BVerfG NJW 2014, 3085 (3087); BGH NStZ 1994, 499 (500); Graf-Beukelmann, § 152, Rn. 4; HK-Gercke, § 152, Rn. 12; Meyer-Goßner/Schmitt-Schmitt, § 152, Rn. 4; SSW-StPO-Schnabl, § 152, Rn. 6.

193 BVerfG NStZ 1982, 430 (430); BVerfG NJW 1984, 1451 (1452); BVerfG NJW 2015, 851 (853); HK-Gercke, § 152, Rn. 12; Meyer-Goßner/Schmitt-Schmitt, § 152, Rn. 4; SSW-StPO-Schnabl, § 152, Rn. 6.

194 BVerfG NStZ 1982, 430 (430); BVerfG NStZ-RR 2004, 206 (207); HK-Gercke, § 152, Rn. 12; Meyer-Goßner/Schmitt-Schmitt, § 152, Rn. 4; SSW-StPO-Schnabl, § 152, Rn. 6.

195 BGH NStZ 1988, 511 (511).

196 BVerfG NJW 1984, 1451 (1452); BGH NStZ 1988, 511 (511); Rundverfügung des GStA des Landes Brandenburg, S. 3.

197 HK-Gercke, § 152, Rn. 13; Meyer-Goßner/Schmitt-Schmitt, § 152, Rn. 4a.

198 HK-Gercke, § 152, Rn. 13; Meyer-Goßner/Schmitt-Schmitt, § 152, Rn. 4a.

199 BVerfG NStZ-RR 2019, 118 (120).

„Konstruktion eines latenten Anfangsverdachtes“[200] hinauslaufen. Das BVerfG entschied jedoch, dass ein solcher Anfangsverdacht dennoch legitimiert werden kann, wenn aufgrund weiterer, konkreter Anhaltspunkte der Eindruck erweckt wird, dass eine Handlung „nur der Absicht entspringen kann“,[201] strafbare Tätigkeiten zu verschleiern bzw. kriminelle Zwecke zu verfolgen, und die Begründung eines Anfangsverdachts nachträglich als „nachvollziehbar, keinesfalls willkürlich“[202] einzuschätzen ist.[203]

Bei der Entscheidung, ob ein Anfangsverdacht vorliegt, wird den Behörden ein weiter Beurteilungsspielraum zugestanden,[204] welcher dazu führt, dass von der späteren Entscheidung abweichende Auslegungen nicht mit einer schuldhaften Pflichtverletzung einhergehen.[205] Ein bewusstes Ausnutzen dieses Beurteilungsspielraumes stellt hingegen eine missbräuchliche Nutzung dar und führt zu einer Verletzung des Grundsatzes des fairen Verfahrens gem. Art. 1 I 1 EMRK.[206]

## H. Rechtliche Analyse des Phänomens GAA-Sprengung

Die Modalitäten der GAA-Sprengungen sollen nunmehr mit den rechtlichen Erkenntnissen in Beziehung gesetzt werden.

## I. Herbeiführen einer Sprengstoffexplosion gem. § 308 I StGB

Die bei den Taten genutzten Sprengmittel sind unproblematisch vom § 308 I StGB umfasst, da sie durch eine Zündung, bspw. durch eine Taschenlampe oder ein Mobilfunkgerät, Detonationen herbeiführen. Aufgrund des nicht eingeschränkten Aggregatzustandes sind verwendete Gasgemische ebenfalls tatbestandsmäßig.

---

200 Hoven, NStZ 2014, 361 (367).

201 BVerfG NJW 1994, 2079 (2079).

202 BVerfG NJW 1994, 2079 (2079).

203 BVerfG NJW 1994, 2079 (2079 f.); BVerfG NJW 2014, 3085 (3087); BVerfG NStZ-RR 2019, 118 (120); Hoven, NStZ 2014, 361 (365 f.).

204 BVerfG NJW 1984, 1451 (1452); BGH NJW 1970, 1543 (1544); BGH NStZ 1988, 510 (511); BGH NStZ 2005, 519 (519); Graf-Beukelmann, § 152, Rn. 5; Hoven, NStZ 2014, 361 (361); Meyer-Goßner/Schmitt-Schmitt, § 152, Rn. 4.

205 BGH NJW 1970, 1543 (1544).

206 BGH NStZ 2005, 519 (519).

Die Täterinnen und Täter erwirken durch die Detonationen eine Zerstörung ganzer Gebäudeteile. Einerseits sind die Gebäude von innen vollständig beschädigt, andererseits bestehen teilweise statische Probleme. Eine nicht unerhebliche zerstörerische Wirkung ist daher unproblematisch zu bejahen. Auch das vom BGH geforderte Knallgeräusch[207] ist gegeben, wie aus Tagespresse und öffentlich zugänglichen Videos verschiedener Taten entnommen werden kann.

Aufgrund der häufig verwendeten Sprengmittel aus Feuerwerkskörpern und der zwangsläufig restriktiven Auslegung des § 308 I StGB ist zu prüfen, ob aufgrund von Sozialadäquanz der Tatbestand dennoch unerfüllt bleibt. Eine solche Einschränkung dürfte aber nicht einschlägig sein: Erstens handelt es sich um nicht in Deutschland zugelassene Feuerwerkskörper. Zweitens werden die Sprengmittel aus den Feuerwerkskörpern entnommen, um Sprengpakete herzustellen. Die technische Bestimmung sowie der Verwendungszweck werden somit vollständig umgangen. Und drittens kann anhand des typischen Schadensbildes wohl kaum mehr von einer „sog. Kleinexplosionen im Rahmen sozialadäquaten Verhaltens“ [208] die Rede sein. Ein minder schwerer Fall gem. § 308 IV StGB dürfte in Anbetracht der Sachschadenshöhe und der daraus abzuleitenden Kraft von Sprengmittel und Detonation nicht einschlägig sein.

Weitergehend müsste aufgrund der Detonation eine konkrete Gefahr für Leib oder Leben anderer Personen oder fremdes Eigentum von bedeutendem Wert bestehen. Eine konkrete Gefahr ist in Bezug auf Leib oder Leben anderer einzelfallabhängig zu begründen. I.d.R. kommt es ohnehin aufgrund der Detonation zu Beschädigungen und Zerstörungen von Gebäuden und Inventar. Auch wenn die genaue Grenze für einen „bedeutenden Wert“ in Literatur und Rechtsprechung zwischen 1500 und 5000 Euro diskutiert wird,[209] so liegt diesem Streitpunkt bei einem durchschnittlichen Begleitschaden von knapp 130.000 Euro bei GAA-Sprengungen keine Bedeutung bei. Eine konkrete Gefährdung bzw. eingetretene Beschädigung von bedeutendem Sachwert gem. § 308 I StGB ist somit i.d.R. immer gegeben.

Eine Strafbarkeit nach § 308 I StGB ist somit unstrittig zu bejahen.

---

[207] BGH, BeckRS 2015, 5855, Rn. 24.

[208] LG Braunschweig NStZ 1987, 231 (232).

[209] 1500 Euro: BGH, BeckRS 2015, 5855, Rn. 58; BGH NJW 2017, 743 (743); BGH, BeckRS 2019, 15627; 2500 Euro: LK-Valerius, § 308, Rn. 13; 5000 Euro: MüKo-Krack, § 308, Rn. 9; S/S-Heine/Bosch, § 308, Rn.7.

## II. Vorbereitung eines Explosionsverbrechens gem. § 310 I Nr. 2 StGB

Aufgrund der Einschränkung auf Sprengstoffe ist eine Vorbereitung zu einer Tat nach § 308 I StGB nur dann nach § 310 I Nr. 2 StGB strafbar, wenn diese Tat durch Sprengstoff begangen werden soll. Da der aktuellen höchstrichterlichen Rechtsprechung des BGH zu folgen ist, kommt es nur darauf an, dass aus den verwendeten Stoffen bei Entzündung eine Zerstörung durch die Ausdehnung von Flüssigkeiten oder Gasen herbeigeführt wird.[210] Dies ist, wie unter § 308 I StGB beschrieben, einschlägig.

Wird Sprengstoff mitgeführt, stellt dieser unproblematisch ein geeignetes Tatobjekt des § 310 I Nr. 2 StGB dar. Ob die mitgeführten Gegenstände als Tatobjekte in Form einer besonderen Vorrichtung i.S.d. § 310 I Nr. 2 StGB anzusehen sind, ist einzelfallabhängig zu entscheiden. Bei GAA-Sprengungen werden regelmäßig Eigenbauten aus alltäglichen Gegenständen verwendet, was die Klassifizierung als „besondere Vorrichtung“ erschwert. Da die Taten jedoch bereits so vorbereitet werden, dass vor Ort nur wenige Vorbereitungshandlungen für die Sprengung durchzuführen sind, werden die oben beschriebenen Gegenstände regelmäßig besonders präpariert:

- Der typisch verwendete sog. „Pizzaschieber“ dürfte allein keinen besonderen Gegenstand darstellen. Eine Verbindung zu einem Sprengstoffverbrechen lässt sich nicht allein dadurch begründen, dass ein Metallstab an einer flachen Metallplatte angebracht ist. Auch die in der neuen Tatausführungsvariante verwendeten, nicht näher ermittelten sog. „Angeln“ dürften rechtlich so wie die „Pizzaschieber“ einzustufen sein.
- Einfache Gasschläuche zum Einleiten des Gases können ebenfalls nicht tatbestandlich sein.
- Werden Kabel mitgeführt, stellen diese vorerst keine tatbestandliche Vorrichtung dar. Erst durch eine Verknüpfung zu Sprengpaketen oder zu einem Zünder werden Kabel tatbestandlich erfasst.[211]
- Besonders präparierte Zündkonstruktionen können unter den Tatbestand fallen.[212] Im Rahmen der polizeilichen Einschätzung ist abzuwägen, inwiefern es sich zu Gunsten der Bürgerin oder des Bürgers um rein alltägliche Gegenstände handeln könnte, oder sie zum

---

[210] BGHSt 61, 84 (91).

[211] Fischer, § 310, Rn. 4; Lackner/Kühl/Heger, § 310, Rn. 2; LK-Valerius, § 308, Rn. 6; M/R-Dietmeier, § 310, Rn. 3; MüKo-Krack, § 310, Rn. 6; NK-Kargl, § 310, Rn. 7; S/S-Heine/Bosch, § 310, Rn. 5; SK-Wolters, § 310, Rn. 3; SSW-StGB-Wolters, § 310, Rn. 3.

[212] OLG Karlsruhe, BeckRS 2011, 29344; SK-Wolters, § 310, Rn. 3; SSW-StGB-Wolters, § 310, Rn. 3; von Heintschel-Heinegg-Bange, § 310, Rn. 8.

Nachteil der Bürgerin oder des Bürgers tatsächlich als „besondere" Vorrichtung zum Herbeiführen einer Sprengung einzustufen sind. Die oben aufgeführten Konstruktionen, bei denen Kabel an den Kontakten in einer Taschenlampe oder einem Mobilfunkgerät angebracht sind, dürfte das Tatbestandsmerkmal erfüllen.

Alle weiteren o.g. Tatmittel, wie bspw. Kraftstoff in Kanistern, eine aufgeschnittene Gießkanne oder ein Brecheisen, sind zwar im Endeffekt von den Täterinnen und Tätern verwendete Tatmittel, dürften dennoch für den § 310 I Nr. 2 StGB irrelevant sein, da sie keinen direkten Bezug zur Herbeiführung einer Sprengstoffexplosion haben.

Die Tathandlung „Verwahren" ist bei einem Antreffen von Täterinnen und Tätern von GAA-Sprengungen unproblematisch gegeben, wenn die Gegenstände in ihrem PKW liegen oder in den Händen gehalten werden. Die Tatausführenden haben in diesen Fällen unmittelbaren Zugriff auf die Gegenstände und sind dementsprechend Gewahrsamsinhaber. I.d.R. dürften, insb. wenn diese im PKW liegen, alle Täterinnen und Täter Mitgewahrsam an der Sache haben, sodass eine Strafbarkeit nach § 310 I Nr. 2 StGB für alle angetroffenen Personen in Betracht kommt.

Die erforderliche Konkretisierung der Tat dürfte ebenfalls gegeben sein. Zwar ist das Tatziel nicht abschließend festgelegt, wenn mehrere GAAs nacheinander angefahren werden, jedoch genügt eine grobe Festlegung,[213] sodass die Konkretisierung auf die nacheinander anzufahrenden GAAs ausreichen dürfte. Auch die Tatzeit dürfte hinreichend konkretisiert sein, wenn niederländische Täterinnen und Täter bereits mit speziell angefertigten Gegenständen und ggf. Sprengmitteln in Deutschland angetroffen werden.

## III. Schwerer Bandendiebstahl gem. §§ 242 I, 244a I StGB

Nach aktuellen Ermittlungen werden die hier betrachteten Taten von kriminellen Netzwerken aus den Niederlanden heraus organisiert. Die festen Mitgliederinnen und Mitglieder dieser Netzwerke führen die Taten selbst nicht aus, sondern treffen lediglich alle notwendigen Vorbereitungen. Diese Personen dürften Banden i.S.d. § 244a I StGB darstellen. Hierauf wird weitergehend jedoch nicht eingegangen, da diese Ausarbeitung die Strafbarkeit der in Deutschland agierenden Täterinnen und Täter thematisiert.

---

213 BGH NJW 1977, 540 (540); BGH NStZ 2021, 614 (614); OLG Karlsruhe NStZ 2012, 390 (391 f.); OLG Karlsruhe, BeckRS 2011, 29344; Fischer, § 310, Rn, 5; Herzberg, JR 1977, 469 (471); Lackner/Kühl/Heger, § 310, Rn. 3; M/R-Dietmeier, § 310, Rn. 5; MüKo-Krack, § 310, Rn. 11; NK-Kargl, § 310, Rn. 13; SK-Wolters, § 310, Rn. 11.

Fraglich ist, ob die in Deutschland agierenden Tatausführenden auch als Mitgliederinnen und Mitglieder dieser Banden einzustufen sind. Die genaue Einfügung der Tatausführenden in die dahinterstehenden Netzwerke wurde jedoch noch nicht ausreichend ermittelt. Aufgrund wechselnder Zusammensetzung und des „fluiden Netzwerks“[214] bei Tatausführenden, sowie der rechtlichen Möglichkeit, sich an Bandentaten zu beteiligen, ohne selbst Bandenmitglied zu sein,[215] kann eine Einstufung als Bandenmitglied somit weder bewiesen noch ausgeschlossen werden.

## IV. Verabredung zu einem Verbrechen gem. § 30 II Alt. 3 StGB

Da Taten nach § 310 I Nr. 2 StGB nicht als Verbrechen gem. § 12 I StGB eingestuft sind, kommt dieser als Grunddelikt für den § 30 II Alt. 3 StGB nicht in Betracht. Die Vorfeldstrafbarkeit gem. § 30 II Alt. 3 StGB kann dennoch ggf. über den §§ 242 I, 244a I StGB, in aller Regel zumindest über den § 308 I StGB Anwendung finden.

Zur Verabredung bedarf es zunächst mindestens zweier Personen.[216] Aufgrund der Anzahl von drei oder vier Täterinnen und Tätern pro Angriff, welche aufgrund des arbeitsteiligen Vorgehens augenscheinlich alle an der Abrede teilhaben, ist dies unproblematisch zu bejahen.

Weiter müsste ein gemeinsamer Tatentschluss zur Verbrechensbegehung gefasst sein.[217] Werden mögliche Täterinnen und Täter bereits auf der Anfahrt angetroffen und führen ggf. besonders präparierte Gegenstände oder Sprengstoff mit sich, geht dies über bloße Vorbesprechungen, Planungen oder das reine Abwägen von Erfolgschancen hinaus, sodass in diesem Fall ein gemeinsamer Tatentschluss begründet sein dürfte.

Befinden die Täterinnen und Täter sich hingegen in einer noch früheren Vortatphase, wie z.B. dem Auskundschaften eines möglichen Tatzieles, so dürfte sich die Begründung eines solchen Tatentschlusses problematischer darstellen. Es steht einem Tatentschluss hierbei nicht entgegen, dass die Tatausführung vom Eintreten oder Ausbleiben bestimmter Faktoren abhängig gemacht

---

214 Lübbers 2023 (Anhang 2.2, Zeile 99).

215 BGH, BeckRS 2006, 14037, Rn. 10; BGH StraFo 2011, 520 (520); BGH StraFo 2011, 521 (521); BGH NStZ-RR 2013, 77 (77).

216 BGH, BeckRS 2016, 112031, Rn. 32.

217 BGHSt 12, 306 (309); BGH NStZ 2009, 497 (497 f.); BGH, BeckRS 2016, 109921, Rn. 6; BGH, BeckRS 2016, 112031, Rn. 32; Fieber, S. 60; LK-Schünemann/Greco, § 30, Rn. 61; M/R-Heger/Petzsche, § 30, Rn. 19; S/S-Heine/Weißer, § 30, Rn. 6, 24.

wird.[218] Das Auskundschaften nach dem Motto „Wenn hier alles passt, versuchen wir es heute Nacht“ dürfte somit vom erforderlichen Tatentschluss umfasst sein. Eine Herausforderung ist aber, die gemeinsame rein subjektive Motivation zur Begehung einer Straftat tatsächlich nachzuweisen.

Hierbei können das Fahrzeug (oder im Fall von niedrig motorisierten Fahrzeugen ggf. mitgeführte Fahrzeugschlüssel von hochmotorisierten Modellen), mitgeführte Gegenstände oder getragene und mitgeführte Kleidung zur Begründung eines Tatentschlusses hilfreich sein, da der Besitz solcher Gegenstände die bereits weit fortgeschrittene Planung belegen kann.

Je spezifischer die Gegenstände sind und je aufwendiger die Beschaffung derer ist, desto weiter dürfte die Planung bereits fortgeschritten sein, und desto eher dürfte ein Tatentschluss objektiv vorliegen. Wenn eine Gruppe von Personen, welche in das Tatprofil passt, mehrere Stunden nach Deutschland fährt, dort augenscheinlich eine Bank auskundschaftet und mit dem Modus Operandi übereinstimmende bzw. spezifische oder besonders präparierte Gegenstände mit sich führt, dürfte der Beweis eines hinreichenden Tatentschlusses daher i.d.R. zu führen sein.

Der Tatentschluss müsste sich darüber hinaus auf mittäterschaftliches Vorgehen erstrecken.[219] Dies dürfte anhand der klaren arbeitsteiligen Vorgehensweise unproblematisch zu bejahen sein, da lediglich durch das geplante Zusammenwirken aller Handelnden die Tat in der Schnelligkeit und der Präzision durchgeführt werden kann. Auf öffentlich zugänglichen Überwachungsvideos ist eindeutig zu erkennen, dass alle Täterinnen und Täter die Tatausführung gemeinsam bewusst koordinieren und jede oder jeder Beteiligte in jede Facette des Tatplans eingeweiht ist.

Letztlich bedarf es der hinreichenden Konkretisierung eines Verbrechens.[220] Befinden sich die Täterinnen und Täter auf der Anfahrt zur Tatbegehung, ist eine solche Konkretisierung unproblematisch gegeben. Etwas schwieriger liegt es beim Auskundschaften. Die Tatzeit dürfte auch hier nicht gänzlich unbestimmt sein, da ein Auskundschaften nur sinnvoll erscheint, wenn die Tat unter den Umständen durchgeführt wird, welche beim Auskundschaften festgestellt wurden.

---

218 BGHSt 12, 306 (309); Fieber, S. 60 f.; Fischer, § 30, Rn. 10a; S/S-Heine/Weißer, § 30, Rn. 6.

219 BGH NStZ 2007, 697 (697); BGH NStZ 2012, 514 (515); Fischer, § 30, Rn. 19; M/R-Heger/Petzsche, § 30, Rn. 10, 19; S/S-Heine/Weißer, § 30, Rn. 24; SK-Hoyer, § 30, Rn. 54; Thalheimer, S. 107.

220 BGH NJW 1973, 156 (157); Fieber, S. 69; Fischer, § 30, Rn, 10, 19; S/S-Heine/Weißer, § 30, Rn. 5; von Heintschel-Heinegg-Cornelius, § 30, Rn. 15.

Einer Individualisierung des angestrebten Tatobjektes bedarf es weiterführend nicht, da bei GAA-Sprengungen aufgrund des primären Ziels der Vermögenserlangung eine Konkretisierung des Tatzieles nicht erforderlich ist.[221]

## V. Begründung eines Anfangsverdachts gem. § 152 II StPO

Im ersten Schritt ist für die „Direktion Gefahrenabwehr/Einsatz" besonders relevant, ab wann ein Anfangsverdacht gem. § 152 II StPO besteht. Hierdurch können strafprozessuale, in die Grundrechte der Betroffenen eingreifende Maßnahmen getroffen werden. Die Anforderungen sind zwar grds. gering, jedoch gilt es, keine willkürlichen Anfangsverdachte zu begründen. In einer Abwägung aller be- und entlastenden Momente dürfen die einschreitenden Personen sich daher nur auf festgestellte konkrete Tatsachen stützen,[222] nicht also auf ein rein kriminalistisches Gefühl. Kriminalistische Erkenntnisse hingegen dürfen in die Begründung eines Anfangsverdachts einfließen.[223]

Infolgedessen ergibt sich, dass Polizeibedienstete, welche gut über polizeiliche Erkenntnisse von GAA-Sprengungen informiert sind, leichter einen Anfangsverdacht begründen können als Polizeibedienstete ohne dieses spezifische Wissen. Sind sich Polizeikräfte bspw. der Nutzung von HEMA-Regenanzügen seitens der Tätergruppen bewusst, könnte die Feststellung von einem solchen Regenanzug in einem PKW eine konkrete Tatsache darstellen, welche für die Begründung eines Anfangsverdachts sprechen könnte. Polizeibedienstete, die sich dieses Umstandes nicht bewusst sind, würden hingegen in der Feststellung eines HEMA-Regenanzuges keinen konkreten Anhaltspunkt sehen können. Es gilt daher, durch diese Arbeit die kriminalistische Erfahrung zu schulen, sodass mehr mögliche Anhaltspunkte erkannt werden können, die für, aber auch gegen die Begründung eines Anfangsverdachts sprechen können.

---

[221] RGSt 34, 327 (328); BayObLGSt 1954, 38 (40); Fieber, S. 70 f.; Fischer, § 30, Rn. 10; LK-Schünemann/Greco, § 30, Rn. 69; M/R-Heger/Petzsche, § 30, Rn. 20; Maurach, JZ 1961, 137 (140); NK-Engländer, § 30, Rn. 35; Roxin AT II, § 28, Rn. 57; SK-Hoyer, § 30, Rn. 54; von Heintschel-Heinegg-Cornelius, § 30, Rn. 17.

[222] BGH NStZ 1994, 499 (500); Graf-Beukelmann, § 152, Rn. 4; HK-Gercke, § 152, Rn. 12; Meyer-Goßner/Schmitt-Schmitt, § 152, Rn. 4; SSW-StPO-Schnabl, § 152, Rn. 6.

[223] BVerfG NStZ 1982, 430 (430); BVerfG NJW 1984, 1451 (1452); BVerfG NJW 2015, 851 (853); HK-Gercke, § 152, Rn. 12; Meyer-Goßner/Schmitt-Schmitt, § 152, Rn. 4; SSW-StPO-Schnabl, § 152, Rn. 6.

Wenn mögliche Tätergruppen auf der Anfahrt oder bei möglichen Vorbereitungshandlungen angetroffen werden, dürften die eingesetzten Beamtinnen und Beamten i.d.R. noch keine Kenntnis von einer Straftat haben, sodass die Begründung eines Anfangsverdachts anhand von erst einmal rein legalem Verhalten untersucht werden muss. In diesem Fall sind die Hürden jedoch höher, als wenn bereits Kenntnis von einer Straftat besteht. Bei der Feststellung von möglichen Sprengpaketen oder „besonderen Vorrichtungen", die der Herbeiführung von Sprengstoffexplosionen dienen könnten, dürfte ein Anfangsverdacht des § 310 I Nr. 2 StGB relativ schnell zu begründen sein.

Kann kein Anfangsverdacht bzgl. des § 310 I Nr. 2 StGB begründet werden, gilt es, diesen für eine Verabredung zur Herbeiführung einer Sprengstoffexplosion gem. § 30 II Alt. 3 i.V.m. § 308 I StGB zu prüfen. Werden verschiedene verdächtige Umstände (Übereinstimmung Täterprofil, Tatzeit und -ort, genutztes Fahrzeug, mitgeführte Gegenstände, getragene Kleidung etc.) festgestellt, darf erst dann ein Anfangsverdacht angenommen werden, wenn der Eindruck entstanden ist, dass diese Umstände einzig und allein auf die Begehung einer GAA-Sprengung hinauslaufen können.[224] Eine verallgemeinernde Regelung, ab wann ein Anfangsverdacht zu begründen ist, lässt sich aufgrund der Individualität der möglichen Sachverhalte nicht treffen.[225] Es kann dennoch folgender Leitsatz aufgestellt werden: Je mehr Umstände zutreffen und je spezifischer diese sind, desto eher kann die Begründung legitimiert werden.

Demnach dürfte es nicht ausreichen, wenn eine Gruppe von drei männlichen Personen niederländischer Staatsangehörigkeit mit nordafrikanischem Aussehen in einem hochmotorisierten Fahrzeug angetroffen wird. Wohlschon könnte ein Anfangsverdacht weniger willkürlich, sondern eher nachvollziehbar erscheinen, wenn die Personen bspw. einen „Pizzaschieber", eine abgesägte Gießkanne und ein elektronisches Gerät, welches aussieht wie ein Handfunkgerät, mit sich führen, und dies im Rahmen einer informatorischen Befragung nicht sinnvoll anders begründen können.

Der zugesprochene Beurteilungsspielraum[226] darf durch die Strafverfolgungsbehörden nicht bewusst ausgenutzt werden. Er bewirkt jedoch, dass eine in der Lage getroffene falsche Beurteilung im Nachgang nicht zu einer vorwerfbaren Pflichtverletzung führt.[227] Daher sollte bei Vorliegen

---

[224] BVerfG NJW 1994, 2079 (2079).

[225] Hoven, NStZ 2014, 361 (362).

[226] BVerfG NJW 1984, 1451 (1452); BGH NJW 1970, 1543 (1544); BGH NStZ 1988, 510 (511); BGH NStZ 2005, 519 (519); Graf-Beukelmann, § 152, Rn. 5; Hoven, NStZ 2014, 361 (361); Meyer-Goßner/Schmitt-Schmitt, § 152, Rn. 4.

[227] BGH NJW 1970, 1543 (1544).

tatsächlicher Anhaltspunkte nicht von der Begründung eines Anfangsverdachts abgesehen werden, weil die Befürchtung besteht, dass sich dieser im Nachgang als unbegründbar herausstellt.

Es lässt sich also festhalten, dass ein Anfangsverdacht einzelfallabhängig zu bewerten ist und allgemeingültige Regeln nicht aufgestellt werden können. Die eingesetzten Polizeibediensteten haben selbst festzulegen, ab wann die Handlungen und Umstände ihrer Einschätzung nach lediglich dem kriminellen Zweck von GAA-Sprengungen dienen können, sodass ein Anfangsverdacht nicht als willkürlich erscheint. In diese Entscheidung können kriminalistische Erfahrung und Erkenntnisse einfließen.

### VI. Ausblick auf mögliche strafprozessuale Maßnahmen

Ist ein Anfangsverdacht gegeben, können unter Berücksichtigung des Verhältnismäßigkeitsgrundsatzes erste strafprozessuale Maßnahmen durchgeführt werden. Geeignete Maßnahmen können eine Identitätsfeststellung gem. § 163b I StPO, eine Durchsuchung zur Identitätsfeststellung gem. § 163b I 3 StPO oder zur Beweismittelsuche gem. § 102 StPO und eine Sicherstellung bzw. Beschlagnahme von Gegenständen gem. §§ 94, 98 StPO sein.[228]

## I. Handreichung zum Umgang mit möglichen Tätern von GAA-Sprengungen

Auf den folgenden Seiten findet sich eine Handreichung, welche die rechtliche Betrachtung des Phänomens GAA-Sprengung prägnant, praxisnah und anschaulich zusammenfasst. Sie dient zudem als roter Faden und beinhaltet Charakteristika von GAA-Sprengungen sowie praxisnahe Anhaltspunkte zur Begründung eines Anfangsverdachts.

---

[228] bzgl. § 163b StPO: BVerfGE 92, 191 (202); BGH NStZ 2016, 551 (552); Graf-von Häfen, § 163b, Rn. 5; HK-Zöller, § 163b, Rn. 4; Meyer-Goßner/Schmitt-Köhler, § 163b, Rn. 4; bzgl. § 102 StPO: BVerfG NJW 2020, 384 (384); BGH NStZ 2000, 154 (155); BGH NStZ-RR 2019, 282 (282); Graf-Hegmann, § 102, Rn. 1; Meyer-Goßner/Schmitt-Köhler, § 102, Rn. 2; bzgl. §§ 94, 98 StPO: BGH, Beschl. v. 09.02.2021 – StB 9/20, StB 10/20, BeckRS 2021, 3096, Rn. 9; Graf-Gerhold, § 94, Rn. 7; HK-Gercke, § 94, Rn. 31; Meyer-Goßner/Schmitt-Köhler, § 94, Rn. 8.

# Umgang mit möglichen „GAA-Sprengern" vor der eigentlichen Tatbegehung

**Anwendungsfälle (insb. bei niederländischen Tätergruppierungen):**
- Antreffen bei möglichen Vorbereitungshandlungen (bspw. Auskundschaften eines GAAs)
- Antreffen auf der Anfahrt zur Tatbegehung
- Antreffen an der Tatörtlichkeit vor unmittelbarem Ansetzen zur Tat

**Mögliche Vorfeldstrafbarkeiten:**
- § 310 I Nr. 2 StGB – Vorbereitung eines Explosionsverbrechens
- § 30 II Alt. 3 i.V.m. § 308 I StGB – Verabredung zur Herbeiführung einer Sprengstoffexplosion

**Allgemeines:**
- Es müssen immer alle sowohl be- als auch entlastenden Umstände bewertet werden.
- Die Begründung eines Anfangsverdachts ist immer einzelfallabhängig zu treffen.
- Bei der Begründung eines Anfangsverdachts besteht ein Beurteilungsspielraum, in welchem kriminalistische Erfahrung zur Bewertung miteinbezogen werden darf.
- Ziel: aus kriminalistischem Gefühl konkrete Anhaltspunkte erarbeiten, um den Anfangsverdacht einer Straftat begründen zu können
- Aufgrund des Sprengstoffs ist verstärkt auf Eigensicherung zu achten.

**Abkürzungen:** bspw.=beispielsweise; GAA=Geldausgabeautomat; inkl.=inklusive
**Abbildungen:** 1, 4, 7: IM NRW; 2: jammer-store.de; 3: funkhandel.com; 5: LKA Rheinland-Pfalz; 6: Polizei Osnabrück
**Fußnoten:** 1: BVerfG NJW 1994, 2079 (2079)

## Tatbestandsvoraussetzungen

### § 310 I Nr. 2 StGB – Vorbereitung eines Explosionsverbrechens

| **Geplantes Verbrechen** | |
|---|---|
| Tat soll mit Sprengstoff begangen werden | - alle Stoffe, die durch Entzündung eine Explosion hervorrufen<br>- egal ob fest, flüssig oder gasförmig |
| **Tatobjekt** | |
| Sprengstoff | - bspw. Sprengpakete, Gasgemische |
| zur Ausführung der Tat erforderliche besondere Vorrichtung | - Apparaturen und Instrumente, Zünder und sonstiges Zubehör für die Herbeiführung einer Explosion<br>- bei alltäglichen Gegenständen problematisch (Batterie, Taschenlampe, Kabel,...)<br>→ es bedarf „besonderer" technischer Präparation zur Herbeiführung einer Explosion |
| **Tathandlung (unter anderem)** | |
| Verwahren | - im Sinne des Gewahrsams beim Diebstahl (§ 242 StGB)<br>- Mitgewahrsam mehrerer Personen möglich (dann sind alle Personen strafbar) |

### § 30 II Alt. 3 i.V.m. § 308 I StGB – Verabredung zur Herbeiführung einer Sprengstoffexplosion

| **Grunddelikt** | | |
|---|---|---|
| § 308 I StGB | Sprengmittel | alles, was Explosionen herbeiführen kann |
| | Explosion | Druckwelle, die eine nicht unerhebliche zerstörerische Wirkung entfalten kann (inkl. Knallgeräusch) |
| | konkrete Gefährdung | für Leib, Leben oder fremde Sachwerte von bedeutendem Wert |
| **Tathandlung** | | |
| Verabredung | - auch stillschweigend<br>- mind. zwei Personen<br>- Tatentschluss, Verbrechen mittäterschaftlich zu begehen<br>(es steht dem Tatentschluss nicht im Weg, wenn die Ausführung noch von Bedingungen abhängig gemacht wird) | |
| zu einem bestimmten Verbrechen | - Zeit, Ort und Modalitäten müssen umrisshaft konkretisiert, noch nicht festgelegt sein<br>→ so weit, dass jedermann die Tat begehen könnte, wenn er/sie den ganzen Plan kennen würde<br>- Tatziel muss bei Vermögensdelikten nicht bestimmt sein | |

## Polizeiliche Erkenntnisse (von niederländischen Tätergruppierungen)

**Geplantes Verbrechen**

- 3 oder 4 Männer zwischen 18 und 30 Jahren
- Staatsangehörigkeit niederländisch
- marokkanischer Migrationshintergrund (Vorname, Geburtsort, nordafrikanisches Aussehen)

**Tatziel und –zeit**

- GAAs in der Nähe von Autobahnauffahrten und großen Bundesstraßen
- Taten: zwischen 00:00 Uhr und 05:00 Uhr
- Vorbereitungshandlungen tagsüber

**Fahrzeuge**

- Hochmotorisiert
- Kennzeichen: niederländisch/gestohlen/ auf Mietwagenfirma zugelassen

**Spreng- und Tatmittel zur Explosionsherbeiführung**

- Sprengpakete (Sprengmittel mit „Panzertape" umwickelt; flach oder „wurstförmig") oder Gasflaschen
- Mögliche Zünder (bspw. Taschenlampe oder Mobilfunkgerät mit Kabeln präpariert)
- Sonstige Hilfsmittel (z.B. „Pizzaschieber")

**Sonstige Tatmittel**

- Abgesägte Gießkanne
- Kanister mit Kraftstoff
- Vorschlaghammer
- Brecheisen
- Stirn-/Taschenlampe
- Bolzenschneider
- Gasmaske
- Jammer/Störsender (GPS, Mobilfunk)
- Digitalfunk-Scanner

**Bekleidung**

- Dunkel/schwarz
- Sturmhauben
- Regenanzug Marke HEMA
- Kapuzenpulli
- Handschuhe

Abb. 1: Gasflaschen

Abb. 2: Jammer

Abb. 3: Digitalfunk-Scanner

Abb. 4: Pizzaschieber mit Sprengpaket

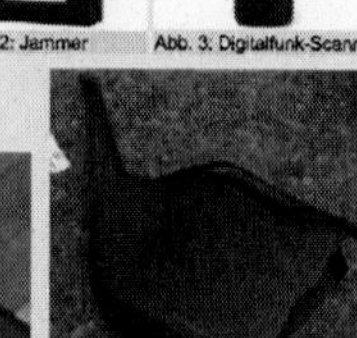

Abb. 5: Abgesägte Gießkanne

Abb. 6: Kraftstoffkanister in Fluchtfahrzeug

Abb. 7: HEMA-Regenanzüge

## Handlungsempfehlung zur Begründung eines Anfangsverdachts

### Maßnahmen und Feststellungen vor einer Kontaktherstellung

**augenscheinliche Feststellung des objektiven Befundes**

- drei oder vier junge Männer, nordafrikanisches Erscheinungsbild, Abgleich Kleidung, Ort und Zeit, Sprache/Akzent
- PKW in Sportausführung; Kennzeichen niederländisch
- Überbeladung des Fahrzeugs auf der Hinterachse (Hinweis auf mögliche Benzinkanister im Kofferraum)

**Datenabgleich**

- Halterabgleich (z.B. ob Mietwagenfirma Halter ist, ob Halter mit marokkanischem oder niederländischem Namen)
- Abgleich Fahrzeugmodell mit Kennzeichen (Kontrolle, ob Kennzeichen zum Fahrzeug gehört)
- Fahndungsabgleich, ob Kennzeichen oder Fahrzeug ausgeschrieben (Kontrolle Diebstahl)

### Erste Maßnahmen und Feststellungen bei Kontaktaufnahme

**Nutzen rechtlicher Möglichkeiten**

- Allgemeine Verkehrskontrolle nach § 36 V StVO (inkl. Aushändigung Führerschein und Fahrzeugschein; inkl. Vorzeigen von Warnwesten, Warndreieck und Erste-Hilfe-Material)

**Weitere Feststellungen des objektiven Befundes**

- Abgleich Daten auf Dokumenten (Migrationshintergrund, Staatsbürgerschaft, Wohnort)
- Mögliche Brandwunden (Hinweis auf Umgang mit Sprengmitteln z.B. in GAA-Sprengung-Trainings, vorherigen Taten)
- Augenscheinliche Feststellung mitgeführter Sachen z.B. in Fahrzeug (insb. Bekleidung, Sprengmittel, Tatmittel)

### Weitere Maßnahmen und Feststellungen im Rahmen der Kontrolle

**Weitere Feststellungen des objektiven Befundes**

- Versuch, in unmittelbarer Nähe zum Fahrzeug Funkkontakt herzustellen, zu telefonieren und/oder mit einem Mobiltelefon das GPS-Signal zu überprüfen (bspw. durch allgemein genutzte Navigationsapplikationen)
- Aufbauen von Digitalfunk-Kontakt und darauf achten, ob ein akustisches oder optisches Signal wahrzunehmen ist → Kontrolle, ob Digitalfunk-Scanner mitgeführt wird

### Sonstiges

- Kontrolle Anfangsverdacht § 310 I Nr. 2 StGB und § 30 II Alt. 3 i.V.m. § 308 StGB
- Je spezifischer die Gegenstände, desto verdachtserhärtender
- Einzelfallabhängige, individuelle Prüfung des Anfangsverdachts erforderlich
- Anfangsverdacht, sobald festgestellter Umstand „nur der Absicht entspringen kann"[1], kriminelle Zwecke zu verfolgen

# J. Schlusswort

Herbert Reul, Innenminister des Landes NRW, ist sich sicher: „Die Polizei muss stärker und intensiver bewachen“,[229] um somit ebenfalls einen Beitrag in der Problembekämpfung zu leisten. Vor der Tat werden jedoch häufig durch rechtliche Unsicherheit und Unwissenheit keine strafprozessualen Maßnahmen getroffen. Durch diese Arbeit und besonders mit Hilfe der Handreichung können den eingesetzten Beamtinnen und Beamten Anhaltspunkte zur Begründung von Vorfeldstrafbarkeiten gegeben werden, sodass auch vor der Tat nach der StPO eingegriffen werden kann.

Erforderlich ist in der Praxis immer eine individuelle Bewertung der im jeweiligen Sachverhalt festzustellenden be- und entlastenden Momente anhand der fortlaufend ermittelten neuen polizeilichen Erkenntnisse. Es gilt, die hier herausgearbeiteten Verknüpfungen von Recht und polizeilicher Praxis lediglich als Anhaltspunkte zu nutzen, um einzelfallspezifisch unter Beachtung des Verhältnismäßigkeitsgrundsatzes in den jeweiligen Situationen individuelle Entscheidungen und Maßnahmen zu treffen.

---

[229] Reul, Innenminister des Landes NRW in: Zaik 2023 [03:03 min-03:06 min] (Anhang 1.4, Zeile 77-78).

# Abbildungsverzeichnis

# Literaturverzeichnis


| | |
|---|---|
| Bloy | Bloy, René, Grund und Grenzen der Strafbarkeit der mißlungenen Anstiftung – Zugleich eine Besprechung des Beschlusses des OLG Hamm v. 22.10.1991 – 1 Ws 249/91 –, JR 1992, 493 |
| Döring/Bortz | Döring, Nicola/Bortz, Jürgen, Forschungsmethoden und Evaluation in den Sozial- und Humanwissenschaften, 5. Auflage, Heidelberg 2016 |
| El-Ghazi | El-Ghazi, Mohamad, NStZ 2021, 427 (Anmerkung zu BGH Beschl. v. 03.03.2021 – 4 StR 338/20, NStZ 2021, 425) |
| Fieber | Fieber, Ulrich, Die Verbrechensverabredung § 30 Abs. 2, 3 Alt. StGB, Frankfurt am Main 2001 |
| Fischer | Fischer, Thomas, Strafgesetzbuch, mit Nebengesetzen, 70. Auflage, München 2023 |
| Graf | Graf, Jürgen (Hrsg.), Strafprozessordnung mit Nebengesetzen, Kommentar, 4. Auflage, München 2021 (zit. als Graf-Bearbeiter) |
| Haffke | Haffke, Bernhard, Mitgewahrsam, Gewahrsamsgehilfenschaft und Unterschlagung, GA 1972, 225 |
| Heidelberger Kommentar | Gercke, Björn/Julius, Karl-Peter/Temming, Dieter/Zöller, Mark A. (Hrsg.), Strafprozessordnung, 6. Auflage, Heidelberg 2019 (zit. als HK-Bearbeiter) |
| Herzberg | Herzberg, Rolf Dietrich, JR 1977, 469 (Anmerkung zu BGH Urt. v. 15.12.1976 – 3 StR 432/76 (S)) |
| Hoven | Hoven, Elisa, Die Grenzen des Anfangsverdachts – Gedanken zum Fall Edathy, NStZ 2014, 361 |
| Hussy/Schreier/Echterhoff | Hussy, Walter/Schreier, Margrit/Echterhoff, Gerald, Forschungsmethoden in Psychologie und Sozialwissenschaften für Bachelor, 2. Auflage, Heidelberg 2013 |

| | |
|---|---|
| Lackner/Kühl/Heger | Heger, Martin, Strafgesetzbuch, Kommentar, 30. Auflage, München 2023 |
| Leipziger Kommentar | Cirener, Gabriele/Radtke, Henning/Rissing-van Saan, Ruth/Rönnau, Thomas/Schluckebier, Wilhelm (Hrsg.), Leipziger Kommentar, Strafgesetzbuch, Band 2, 13. Auflage, Berlin/Boston 2021 (zit. als LK-Bearbeiter) |
| Leipziger Kommentar | Cirener, Gabriele/Radtke, Henning/Rissing-van Saan, Ruth/Rönnau, Thomas/Schluckebier, Wilhelm (Hrsg.), Leipziger Kommentar, Strafgesetzbuch, Band 17, 13. Auflage, Berlin/Boston 2021 (zit. als LK-Bearbeiter) |
| Matt/Renzikowski | Matt, Holger/Renzikowski, Joachim (Hrsg.), Strafgesetzbuch, Kommentar, 2. Auflage, München 2020 (zit. als M/R-Bearbeiter) |
| Maurach | Maurach, Reinhart, Die Problematik der Verabredung (§ 49a II StGB), JZ 1961, 137 |
| Meyer-Goßner/Schmitt | Köhler, Marcus/Schmitt, Bertram, Strafprozessordnung, Gerichtsverfassungsgesetz, Nebengesetze und ergänzende Bestimmungen, 65. Auflage, München 2022 (zit. als Meyer-Goßner/Schmitt-Bearbeiter) |
| Münchener Kommentar | Erb, Volker/Schäfer, Jürgen (Hrsg.), Münchener Kommentar zum Strafgesetzbuch, Band I, 4. Auflage, München 2020 (zit. als MüKo-Bearbeiter) |
| Münchener Kommentar | Erb, Volker/Schäfer, Jürgen (Hrsg.), Münchener Kommentar zum Strafgesetzbuch, Band VI, 4. Auflage, München 2022 (zit. als MüKo-Bearbeiter) |
| Nomos Kommentar | Kindhäuser, Urs/Neumann, Ulfrid/Paeffgen, Hans-Ullrich/Saliger, Frank, Nomos Kommentar, Strafgesetzbuch, 6. Auflage, Baden-Baden 2023 (zit. als NK-Bearbeiter) |
| Roxin AT II | Roxin, Claus, Strafrecht Allgemeiner Teil, Band II, Besondere Erscheinungsformen der Straftat, München 2003 |

Satzger/Schluckebier/Widmaier
Satzger, Helmut/Schluckebier, Wilhelm (Hrsg.), Strafprozessordnung mit GVG und EMRK, Kommentar, 5. Auflage, Hürth 2023 (zit. als SSW-StPO-Bearbeiter)

Satzger/Schluckebier/Widmaier
Satzger, Helmut/Schluckebier, Wilhelm (Hrsg.),Strafgesetzbuch, Kommentar, 5. Auflage, Hürth 2021 (zit. als SSW-StGB-Bearbeiter)

Schönke/Schröder — Schönke, Adolf/Schröder, Horst (Begründer), Strafgesetzbuch, Kommentar, 30. Auflage, München 2019 (zit. als S/S-Bearbeiter)

Systematischer Kommentar — Wolter, Jürgen (Hrsg.), Systematischer Kommentar zum Strafgesetzbuch, Band I, 9. Auflage, Köln 2017 (zit. als SK-Bearbeiter)

Systematischer Kommentar — Wolter, Jürgen/Hoyer, Andreas (Hrsg.), Systematischer Kommentar zum Strafgesetzbuch, Band VI, 10. Auflage, Hürth 2023 (zit. als SK-Bearbeiter)

Thalheimer — Thalheimer, Karol, Die Vorfeldstrafbarkeit nach §§ 30, 31 StGB, Frankfurt am Main, 2008

von Heintschel-Heinegg — von Heintschel-Heinegg (Hrsg.), Bernd, Strafgesetzbuch, Kommentar, 4. Auflage, München 2021 (zit. als von Heintschel-Heinegg-Bearbeiter)

# Quellenverzeichnis

Altrogge/Meyer-Heuer 2023

Altrogge, Gudrun/Meyer-Heuer, Claas (01.04.2023, 18:40 Uhr), Sprengstoff, Geiselnahmen, Verfolgungsjagden, Das knallharte Geschäft der Geldautomatensprenger, Hamburg: DER SPIEGEL, https://www.spiegel.de/panorama/justiz/das-knallharte-geschaeft-der-geldautomatensprenger-sprengstoff-geiselnahmen-verfolgungsjagden-spiegel-tv-a-a307de5d-4184-4930-8540-101dd5abac9a, abgerufen am 19.04.2023

BKA 2016

Bundeskriminalamt (BKA) (Hrsg.) (02.09.2016), Angriffe auf Geldautomaten, Bundeslagebild 2015, www.bka.de/SharedDocs/Downloads/DE/Publikationen/JahresberichteUndLagebilder/AngriffeGeldautomaten/angriffeGeldautomatenBundeslagebild2015.html?nn=60672, abgerufen am 21.04.2023

BKA 2022

Bundeskriminalamt (BKA) (Hrsg.) (01.07.2022), Angriffe auf Geldautomaten, Bundeslagebild 2021, https://www.bka.de/SharedDocs/Downloads/DE/Publikationen/JahresberichteUndLagebilder/AngriffeGeldautomaten/angriffeGeldautomatenBundeslagebild2021.html?nn=60672, abgerufen am 14.04.2023

funkhandel.com 2023

funkhandel.com, Digitalfunk-Scanner, www.funkhandel.com/Uniden-Bearcat-UBCD3600XLT-Digitalfunk-Handscanner, abgerufen am 19.04.2023

Heller 2023

Heller, Robert (26.03.2023), Tatort Geldautomat, Sprengstoff-Räubern auf der Spur, Mainz: Zweites Deutsches Fernsehen, https://www.zdf.de/dokumentation/zdf-reportage/tatort-geldautomat-sprengstoff-raeubern-auf-der-spur-100.html, abgerufen am 19.04.2023

IM NRW 2019a IM NRW (2019), Gasflaschen bei Tat lka.polizei.nrw/sites/default/files/styles/960x540/public/2019-04/2019-04-11-LKA-NRW-GAA-Festnahme-web.jpg?itok=cybOMXDh, abgerufen am 20.04.2023

IM NRW 2019b IM NRW (2019), HEMA-Regenanzüge mit Streifen - Bild 2, lka.polizei.nrw/sites/default/files/styles/960x540/public/2019-04/2019-04-11-LKA-NRW-GAA-Festnahme-web.jpg?itok=cybOMXDh, abgerufen am 20.04.2023

IM NRW 2023a IM NRW (2023), Projekt BEGAS – Bekämpfung von Geldautomatensprengungen, Sprengpaket mit Kabel, zugesandt am 12.04.2023

IM NRW 2023b IM NRW (2023), Projekt BEGAS – Bekämpfung von Geldautomatensprengungen, „Pizzaschieber" mit Sprengpaket und Kabel, zugesandt am 12.04.2023

IM NRW 2023c IM NRW (2023), Projekt BEGAS – Bekämpfung von Geldautomatensprengungen, Täterin/Täter mit Gasmaske, zugesandt am 12.04.2023

IM NRW 2023d IM NRW (2023), Projekt BEGAS – Bekämpfung von Geldautomatensprengungen, HEMA-Regenanzüge mit Streifen - Bild 1, zugesandt am 12.04.2023

jammer-store.de 2023 jammer-store.de, Jammer/Störsender, www.jammer-store.de/5-bander-tragbare-stil-leistungsstarke-GPS-wlan-GSM-handy-storsender.html, abgerufen am 19.04.2023

LKA Rheinland-Pfalz 2023a LKA Rheinland-Pfalz, Pressestelle, Brecheisen und abgesägte Gießkanne, zugesandt am 20.04.2023

LKA Rheinland-Pfalz 2023b LKA Rheinland-Pfalz, Pressestelle, Stirnlampe, zugesandt am 20.04.2023

LKA Rheinland-Pfalz 2023c
LKA Rheinland-Pfalz, Pressestelle, HEMA-Regenanzug verpackt, zugesandt am 20.04.2023

LKA Rheinland-Pfalz 2023d
LKA Rheinland-Pfalz, Pressestelle, Schadensbild 1, zugesandt am 20.04.2023

LKA Rheinland-Pfalz 2023e
LKA Rheinland-Pfalz, Pressestelle, Schadensbild 2, zugesandt am 20.04.2023

LKA Rheinland-Pfalz 2023f
LKA Rheinland-Pfalz, Pressestelle, Schadensbild 3, zugesandt am 20.04.2023

Lübbers 2023 KDin Lübbers, Christa, schriftlich offene Befragung von KDin Christa Lübbers, Antworten zugesandt am 08.05.2023

Meyer-Heuer 2020 Meyer-Heuer, Claas (08.07.2020, 18:59 Uhr), Gesprengte Geldautomaten, Die Panzerknacker, Hamburg: DER SPIEGEL, https://www.spiegel.de/panorama/spiegel-tv-ueber-gesprengte-geldautomaten-die-panzerknacker-a-4bb6feb9-46d8-41b7-a4a6-81bf58ccd887, abgerufen am 19.04.2023

Polizei Osnabrück 2023a Polizei Osnabrück, Pressestelle, Kraftstoffkanister in Fluchtfahrzeug, zugesandt am 20.04.2023

Polizei Osnabrück 2023b Polizei Osnabrück, Pressestelle, Kraftstoffkanister neben Fluchtfahrzeug, zugesandt am 20.04.2023

Polizei Osnabrück 2023c Polizei Osnabrück, Pressestelle, Gasschläuche, zugesandt am 20.04.2023

Polizei Osnabrück 2023d Polizei Osnabrück, Pressestelle, Sicherstellungen nach Durchsuchungen, zugesandt am 20.04.2023

Polizei Osnabrück 2023e Polizei Osnabrück, Pressestelle, Taschenlampe, zugesandt am 20.04.2023

| | |
|---|---|
| Zaik 2023 | Zaik, Andreas (inhaltlich verantwortlich) (19.04.2023), Boom von Geldautomaten-Sprengungen: Talk mit NRWs Innenminister Herbert Reul | stern TV, Auszug aus: stern TV, Folge 16 v. 19.04.2023, 22:35 Uhr [08:56 min-15:13 min], Köln: i&u TV Produktion https://www.youtube.com/watch?v=ZFopV-8pkRU, abgerufen am 01.05.2023 |

# Anhang

## Anhangsverzeichnis

# Anhang 1: Transkripte

## Transkriptionsschlüssel

Grundsätzliches

1. Es wird wörtlich transkribiert, nicht zusammenfassend.
2. Die Personen werden aufgrund ihrer öffentlichen Rollen mit vollständigem Namen angegeben. Die Namen werden unterstrichen, um die Zuordnung der Aussagen zu den jeweiligen Personen zu vereinfachen.
3. Die Sprache wird geglättet, das heißt an das Schriftdeutsch angenähert.
4. Lautäußerungen, Pausen, Betonungen sowie unabsichtliche Fehler werden nicht transkribiert.
5. Hintergrundgeräusche werden nicht transkribiert.

Transkriptionszeichen

(…) Abbruch eines Wortes oder Satzes

## Anhang 1.1: Transkript von Auszügen aus: Altrogge/Meyer-Heuer 2023

Altrogge, Gudrun/Meyer-Heuer, Claas (01.04.2023, 18:40 Uhr), Sprengstoff, Geiselnahmen, Verfolgungsjagden, Das knallharte Geschäft der Geldautomatensprenger, Hamburg: DER SPIEGEL, https://www.spiegel.de/panorama/justiz/das-knallharte-geschaeft-der-geldautomatensprenger-sprengstoff-geiselnahmen-verfolgungsjagden-spiegel-tv-a-a307de5d-4184-4930-8540-101dd5abac9a, abgerufen am 19.04.2023

**00:40 min - 01:03 min:**

Alexander Retemeyer, StA, Staatsanwaltschaft Osnabrück:

„Wir wissen, dass diese Banden mit unterschiedlichen Aufgaben befasste Leute haben. Da gibt es Leute, die die Fahrzeuge besorgen. Früher wurden die oft gestohlen, jetzt werden die eher angemietet. Es müssen Sprengstoffe besorgt werden. Es müssen die Leute ausgesucht werden, die vor Ort dann diese Sprengung durchführen. Also das ist mit Sicherheit eine typische organisierte Kriminalität.“

**03:01 min - 03:07 min:**

Michael Maßmann, Polizeipräsident, Polizei Osnabrück:

„Die Geldautomatensprengung ist der moderne Banküberfall. In der heutigen Zeit würde man sagen ‚Banküberfall 2.0‘.“

**09:22 min - 09:43 min:**

Michael Maßmann, Polizeipräsident, Polizei Osnabrück:

„Wir wissen inzwischen von Modalitäten, dass die das Rücklicht ausschalten können. Dass sie insgesamt das Licht ausschalten. In den beiden letzten Fällen sind auch Laserpointer eingesetzt worden, um die Kolleginnen und Kollegen zu blenden. Also wir können auch da von Glück reden, dass wir nicht schwerste Unfälle gehabt haben und dass wir vielleicht nicht sogar tödlich verletzte Polizeibeamte am Ende gehabt haben.“

**12:46 min - 13:11 min:**

Achim Schmitz, LKA NRW:

„Die Tatbegehung geht in der Regel nicht länger als drei bis fünf Minuten. Bis dann eine Alarmanlage ausgelöst hat. Wir die Kräfte vor Ort haben. Im günstigsten Fall ist es so, dass man die Täter vielleicht noch sehen kann, aber dann wird die Flucht mit sehr sehr hohen Geschwindigkeiten angetreten. Da kann die Polizei am Anfang gegebenenfalls mithalten, aber sehr häufig werden da Zustände erreicht, die einfach bei fortdauernder Verfolgung Gefahren auslösen würden, auch für Dritte, die wir als Polizei nicht riskieren können. Natürlich ganz anders als die Täter."

**14:06 min - 14:37min**

Achim Schmitz, LKA NRW:

„Die Aussagebereitschaft der Täter ist tatsächlich überhaupt garnicht ausgeprägt. Wir haben es in keinem Fall mit Tatverdächtigen zu tun, die in irgendeiner Art und Weise mit der Polizei kooperieren, sondern es ist tatsächlich eher so, dass die Täter dann auch freiwillig ohne Aussage die Untersuchungshaft antreten. Je nachdem, wie der Einzelfall sich dann gestaltet, nach Aburteilung im Zuge des Austausches sag ich mal, in die Niederlande verlegt werden und dort auch dann sehr häufig nach kurzer Zeit tatsächlich aus dem Gefängnis entlassen werden auf freien Fuß mit entsprechenden Auflagen."

## Anhang 1.2: Transkript von Auszügen aus: Heller 2023

Heller, Robert (26.03.2023), Tatort Geldautomat, Sprengstoff-Räubern auf der Spur, Mainz: Zweites Deutsches Fernsehen, https://www.zdf.de/dokumentation/zdf-reportage/tatort-geldautomat-sprengstoff-raeubern-auf-der-spur-100.html, abgerufen am 19.04.2023

**06:23 min - 07:01 min:**

Dominic Schmidt, KOR, LKA Rheinland-Pfalz:

„Es ist ein sehr hoher Organisationsgrad da. Wir haben eine Führungsstruktur. Wir haben eine ausführende Ebene. Wir haben hochgradig arbeitsteiliges Vorgehen. Wir haben eine Trennung zwischen, wie gesagt, den Tätern. Wir haben eine Trennung zu den Logistikern, zu den Sprengstoffherstellern stellenweise. Das ist ein Aspekt der organisierten Kriminalität. Auf der anderen Seite sehen wir auch, dass die Gewinne aus den Taten nicht unbedingt jetzt für den eigenen Luxus jetzt verwendet werden, sondern dass die durchaus in Drogengeschäfte wieder reinvestiert werden oder aber, da bestehen zum Teil auch Hinweise, durchaus in die Terrorismusfinanzierung fließen können."

**21:17 min - 22:32 min:**

Sabine W., KOKin, LKA Rheinland-Pfalz:

„Ich komme wegen der Sprengung in Höhr."

Dirk Schuster, LKA Rheinland-Pfalz:

„Ja."

Sabine W., KOKin, LKA Rheinland-Pfalz:

„Ich habe gehört, du warst vor Ort. Mal wieder."

Dirk Schuster, LKA Rheinland-Pfalz:

„Ja. Genau. Wir haben (…)"

Sprecher:

„Dirk Schuster ist Entschärfer im LKA. Er war direkt nach der Sprengung in der Bank und hat zwei Pakete sichern können."

Dirk Schuster, LKA Rheinland-Pfalz:

„Die haben im Bereich des Eingangs neben einem Weg gelegen, zum Eingang der Bank. Die waren wahrscheinlich als Reserve noch gedacht. Die haben wir dort gefunden. Sind unsere typischen

Sprengpakete. Sehen sehr gut vom Aufbau aus. Sehr professionell. Wir haben hier wieder unser typisches graues Klebeband auch. Und ja."

Sprecher:

„Die glänzende Plastikhülle kommt von der Polizei. Darunter. Mit Klebeband umwickelter Sprengstoff."

Sabine W., KOKin, LKA Rheinland-Pfalz:

„Waren die Pakete noch gefährlich, als die da so gelegen haben. Hätte da was passieren können?"

Dirk Schuster, LKA Rheinland-Pfalz:

„Das Problem ist immer, wir wissen nie, wie genau der Aufbau der Sprengpakete ist. Welcher Zünder verbaut ist. Welcher Explosivstoff ist verbaut. Von daher müssen wir uns immer auf eine hohe Gefährlichkeit einstellen. Wir haben oft Selbstlaborate, die verwendet werden, und die sind sehr empfindlich gegen Druck. Von daher doch eine hohe Gefährdung auch für Unbeteiligte, die unter Umständen einfach mal da vorbeilaufen."

Sprecher:

„Die Sprengpakete werden nun auf Fingerabdruck- und DNA-Spuren untersucht."

Sabine W., KOKin, LKA Rheinland-Pfalz:

„Ich würde es bei euch lassen, dass ihr es dann hoch geben könnt."

Dirk Schuster, LKA Rheinland-Pfalz:

„Genau. Wir bringen die direkt hoch."

Sabine W., KOKin, LKA Rheinland-Pfalz:

„Ok. Perfekt."

## Anhang 1.3: Transkript von Auszügen aus: Meyer-Heuer 2020

Meyer-Heuer, Claas (08.07.2020, 18:59 Uhr), Gesprengte Geldautomaten, Die Panzerknacker, Hamburg: DER SPIEGEL, https://www.spiegel.de/panorama/spiegel-tv-ueber-gesprengte-geldautomaten-die-panzerknacker-a-4bb6feb9-46d8-41b7-a4a6-81bf58ccd887, abgerufen am 19.04.2023

**02:31 min - 02:48 min:**

Thomas Jungbluth, LKA NRW:

„Wir haben festgestellt, dass einige der Fahrzeuge Benzinkanister dabeihaben. Reservekanister. Das hat den ganz einfachen Hintergrund: Hohe Geschwindigkeit, viel Spritverbrauch. Tanken kann man sich nicht erlauben an der Tankstelle. Dauert zu lange. Deswegen tankt man einfach auf der Fahrt nach, beziehungsweise hält kurz an, tankt nach und verschwindet weiter.“

**05:13 min - 06:49 min:**

Sprecher:

„Die Bundesanstalt für Materialforschung beschäftigt sich schon seit über zehn Jahren mit der Sicherheit von Geldautomaten. Auf dem Testgelände werden die Geräte fachgerecht in die Luft gejagt. Um den Tresor eines Automaten zu knacken, müssen enorme Kräfte freigesetzt werden.“

Kai Holtappels, Bundesanstalt für Materialforschung:

„Die Wertschutzbehälter wurden bisher für Angriffe von außen gesichert. Wogegen die gar nicht ausgelegt waren, ist gegen eine Krafteinwirkung von innen heraus. Eben eine Explosion, die genügend Energie entwickelt, dass die Tür herausgetrennt wird und hier von den Scharnieren abgetrennt wird und wegfliegt. Die Schäden nach einer solchen Explosion sind doch so massiv, dass Häuser einsturzgefährdet sind.“

Sprecher:

„Die Bundesanstalt will vor allem herausfinden, wie sich die Geräte sicherer machen lassen. Nur so könnten die Täter die Lust am Sprengen verlieren. In den Niederlanden hat das bereits sehr erfolgreich funktioniert.“

Kai Holtappels, Bundesanstalt für Materialforschung:

„Ohne zu sehr wirklich jetzt Details zu nennen. Man hat eine relativ einfache Art und Weise, wie man solche Geldautomaten insgesamt sicher machen kann. Egal ob ich Sprengstoff oder Gase einsetze. Das ist einfach, den Widerstandsgrad eines Geldautomaten zu erhöhen. Das geht konstruktiv relativ einfach. Da gibt es auch schon viele Anbieter, die solche zertifizierten Produkte haben, die müssten nur flächendeckend in Deutschland auf den Markt gebracht werden und eingesetzt werden. Dann hat man schon ein hohes Maß an Sicherheit erreicht."

Sprecher:

„Bessere Automaten kosten viel Geld, was die meisten Banken nicht bereit sind zu investieren. Zumal ja Versicherungen den Schaden ersetzen."

**08:28 min - 08:52 min:**

Thomas Jungbluth, LKA NRW:

„Wir gehen davon aus, dass sie sehr genau gucken, was Polizei macht. Dass sie versucht polizeiliche Maßnahmen zu antizipieren, sich darauf einzustellen. Dass sie sehr gezielt darauf achtet, keine Spuren zu hinterlassen, die es uns ermöglichen, Tatserien zusammenzustellen. Dass sie sehr konspirativ agieren. Dass es extrem schwierig ist, überhaupt die richtigen Personen zu identifizieren, um ihnen dann in einem nächsten Schritt die Tat nachweisen zu können."

## Anhang 1.4: Transkript: Zaik 2023

Zaik, Andreas (inhaltlich verantwortlich) (19.04.2023), Boom von Geldautomaten-Sprengungen: Talk mit NRWs Innenminister Herbert Reul | stern TV, Auszug aus: stern TV, Folge 16 vom 19.04.2023, 22:35 Uhr [08:53 min-15:13 min], Köln: i&u TV Produktion, https://www.youtube.com/watch?v=ZFopV-8pkRU, abgerufen am 01.05.2023

<u>Steffen Hallaschka, Moderator „stern TV“:</u>

„Und über diese Forderung nach mehr Geschwindigkeit können wir sprechen, und zwar mit dem Innenminister in Nordrhein-Westfalen. Herbert Reul von der CDU ist bei uns. Herzlich willkommen bei uns.“

<u>Herbert Reul, Innenminister des Landes NRW:</u>

„Schönen guten Tag.“

<u>Steffen Hallaschka, Moderator „stern TV“:</u>

„Ja, das sieht ein bisschen so aus, als wäre Deutschland inzwischen so Drive-In-Land für Plofkraaker[230]-Banden. Die kommen mal kurz vorbei. Sprengen, holen sich die Kohle, rauschen wieder ab. Wie kann das sein, dass ausgerechnet im TÜV-Land Deutschland Geldautomaten so schlecht gesichert sind und so gut beladen, dass sich das lohnt?“

<u>Herbert Reul, Innenminister des Landes NRW:</u>

„Ja das Hauptproblem ist, dass wir in Deutschland überhaupt mehr mit Bargeld zu tun haben wollen. Es gibt ja viele Staaten in Europa, in der Welt, wo bargeldloses Zahlen üblicher ist. Und bei uns? Wir lieben das Bargeld. Dann machen die Banken die Filialen zu, weil sie Geld sparen müssen. Anstelle dieser Filialen werden dann Automaten hingestellt, damit die Leute zufrieden sind, und das führt dazu, dass wir zum Beispiel in Nordrhein-Westfalen, ich glaube 11.000 solcher Automaten stehen haben. Das heißt (…)“

<u>Steffen Hallaschka, Moderator „stern TV“:</u>

„Das heißt Bargeld abschaffen ist die Lösung? Ne.“

<u>Herbert Reul, Innenminister des Landes NRW:</u>

„Nein. Ich will nur darauf hinweisen: Viele Automaten. Viel Bargeldwunsch, viele Automaten, viele Gelegenheiten. Erste Frage. Das heißt natürlich die Anzahl Ba (…) Muss in jeder Stadt von jeder Bank ein

---

230 Im Niederländischen werden „GAA-Sprenger“ als „Plofkraaker“ bezeichnet.

eigener Automat stehen? Darüber kann man mal nachdenken. Muss ein Automat rund um die Uhr offen sein? Kann man nicht Öffnungs- und Schließzeiten machen? Muss ein Automat immer gefüllt sein mit Bargeld? Juweliere machen nachts den Laden leer."

Steffen Hallaschka, Moderator „stern TV":

„Solange andere Banken von mir horrende Gebühren für Fremdnutzung verlangen, bin ich immer ganz froh, wenn ich von meiner Bank noch einen Automaten finde, aber immerhin ist der Anreiz sicherlich (…)"

Herbert Reul, Innenminister des Landes NRW:

„Aber auch das kann man ja lösen. Die können sich ja verabreden."

Steffen Hallaschka, Moderator „stern TV":

„Die Banden sind wahnsinnig schnell. Das dauert Minuten, und die sind wahnsinnig kompromisslos. Das heißt, die Automaten stabiler zu bauen, hilft erstmal gar nichts, weil dann nehmen die mehr Sprengstoff mit und werden noch rabiater. Und wir haben ja gesehen, diese Fluchtfahrten sind haarsträubend, gefährlich. Oft mit Benzinkanistern im Kofferraum, um zwischendurch keine Tankstelle anfahren zu müssen. Wenn ich mir das anschaue, da ist die Polizei relativ machtlos, oder?"

Herbert Reul, Innenminister des Landes NRW:

„Machtlos ist die Polizei nie, aber sie kann auch nicht einfach mitmachen. Sie muss abwägen. Sie muss entscheiden. Und wir müssen die mit anderen Waffen schlagen. Wir werden sie nicht schlagen, indem wir schnellere Autos haben und hinterherjagen und damit die anderen Verkehrsteilnehmer gefährden. Ich glaube auch nicht, dass wir sie dadurch fangen werden, dass wir die Automaten immer noch massiver bauen, denn das hat ja in der Vergangenheit – die sind ja immer besser gebaut worden – dazu geführt, dass die Sprengladungen immer größer wurden und dann das eigentliche Problem passiert, dass nicht nur Geld verloren geht, sondern dass Menschen gefährdet werden. Haben wir ja schöne Beispiele eben gesehen. Weil die Sprengladung so groß ist, dass das Haus gefährdet ist. Denn die Automaten hängen immer am oder im Haus."

Steffen Hallaschka, Moderator „stern TV":

„Aber dann fragen wir uns doch mal, was helfen könnte. In Deutschland gab es im vergangenen Jahr rund 500 Sprengungen. In den Niederlanden im selben Zeitraum ungefähr 15. Und in keinem der Fälle in den Niederlanden gab es überhaupt nur Beute. Wie haben die das in den Griff bekommen, in unserem Nachbarland?"

Herbert Reul, Innenminister des Landes NRW:

„Also ich glaube“

Steffen Hallaschka, Moderator „stern TV“:

„Sind es diese Systeme, die Geldscheine einfärben, Geldscheine verkleben?“

Herbert Reul, Innenminister des Landes NRW:

„Ne. Also ich glaube ja immer mehr, dass (…) Oder es gibt für kein Problem dieser Welt immer nur eine Lösung, sondern viele. Also hier: Erstens weniger Automaten. Zweitens Automaten besser machen. Drittens Öffnungszeiten von Automaten ändern. Viertens wie viel Geld drin liegt, darüber kann man auch mal nachdenken. Fünftens die Polizei muss stärker und intensiver bewachen. Wir können aber nicht 11.000 Automaten bewachen. Deswegen haben wir zum Beispiel in Nordrhein-Westfalen mit den Banken gemeinsam ein System entwickelt. Wie ist welcher Automat ausgestattet? Wir haben priorisiert. Wir haben gesagt, das ist der bessere, das ist der gefährdetere, das ist der leichtere. Und danach kann die Bank sich ausrichten und kann sagen: Den rüsten wir zuerst neu auf und den anderen, den lassen wir ein bisschen länger noch liegen. Und wir als Polizei können sagen: Da wird stärker Streife gefahren. Zum Beispiel.“

Steffen Hallaschka, Moderator „stern TV“:

„Aber verstehe ich Sie richtig? Es gibt die Sicherungssysteme, die offensichtlich in den Niederlanden gute Dienste leisten, weil die Verbrecher irgendwann wissen, wenn ich hier sprenge, kriege ich nur einen verklebten Klumpen nutzloses Geld, der mir nicht mal weiterhilft. Sie sagen stattdessen, und das ist ja auch teuer, wollen wir lieber Streifenpolizisten vor die Banken stellen?“

Herbert Reul, Innenminister des Landes NRW:

„Ne, ne. Da ich nicht zu Ende kam, habe ich garnicht zu Ende erzählen können. Ich glaube nicht ein Mittel reicht. Die Niederlande: Das hat nichts damit zu tun, dass die die Automaten nur mit anderer Technik (…) Das ist ein Element. Aber wir haben eben selbst festgestellt, wenn die Automaten immer besser werden, werden die Sprengsätze immer stärker werden. Also das allein ist nicht die Lösung. Das ist ein Teil der Lösung, jawoll. Und deswegen arbeiten wir ja auch mit den Banken zusammen und versuchen zu überzeugen, dass wir die Automaten auch technisch besser ausrüsten. Ja klar. Aber wir werden nicht erreichen können, dass auf einen Schlag alle Automaten top ausgerüstet sind. Und verklebtes Geld hat bis vor kurzem das Problem gegeben, dass die Bundesbank das Geld dann nicht mehr angenommen, nicht ausgetauscht hat. Also die Banken saßen auf dem verlorenen Geld. Eingefärbtes Geld. Ja, da wurde eben so fröhlich erzählt, ‚Kannst du nicht mehr brauchen.' Stimmt ja garnicht. Es gibt Staaten in der Welt, da kannst du ver (…), verklebtes nicht. Entschuldigung…"

Steffen Hallaschka, Moderator „stern TV":

„Eingefärbtes Geld"

Herbert Reul, Innenminister des Landes NRW:

„…eingefärbtes Geld noch umsetzen, kriegst du nur weniger für. Ja, vielleicht ist das ja trotzdem noch interessant. Also ich warne davor zu glauben, dass mit einem Element Technik oder einem Element Polizei das Problem zu lösen ist. Zum Beispiel haben wir noch garnicht angesprochen: Zusammenarbeit zwischen den Bundesländern, und noch wichtiger: Zusammenarbeit zwischen den Niederlanden, wenn wir wissen, dass die Banden, die bei uns unterwegs sind, vorrangig aus den Niederlanden kommen. Wir haben jetzt auch noch Gruppen aus Rumänien. Also rumänische Banden. Ja dann ist die Zusammenarbeit mit den Niederlanden elementar, weil wir müssen die Typen ja erwischen."

Steffen Hallaschka, Moderator „stern TV":

„Sie haben eine Sonderkommission eingesetzt in Nordrhein-Westfalen."

Herbert Reul, Innenminister des Landes NRW:

„Ja"

Steffen Hallaschka, Moderator „stern TV":

„Hilft das was? Hat das nachweislich Erfolg, mehr ermittelnde Polizisten zu haben?"

Herbert Reul, Innenminister des Landes NRW:

„Ich bin vorsichtig. Aber. Ja. Ich würde sagen, obwohl man behutsam sein muss, denn manches hat auch mit ganz anderen Sachen zu tun. Wir haben jetzt im ersten Teil des Jahres ein Drittel weniger Sprengungen gehabt als im Jahr vorneweg. Wir haben 17 Täter erwischt. Also diese Konzentration der Ermittlungsarbeit kommt auch noch dazu. Wir machen jetzt nicht mehr ‚jede Polizeistation nimmt da Fingerabdrücke', sondern wir haben Spezialisten von den großen Kriminalhauptstellen, die sich darum kümmern. Also ich glaube, dass die Summe der Maßnahmen am Ende dazu führen kann, dass wir das Problem in den Griff kriegen. Ich würde sagen, wir sind auf einem guten Weg. Leider geht es nicht so schnell, wie ich es mir wünschen würde. Und die größte Sorge ist, dass irgendwann mal Menschenleben gefährdet werden, weil wenn das Geld weg ist, das bezahlt irgendwie immer noch eine Versicherung.“

Steffen Hallaschka, Moderator „stern TV“:

„Und das ist bereits der Fall, dass Menschenleben gefährdet werden, wie wir gerade im Film gesehen haben. Insofern ist es glaube ich ein bisschen ein verkanntes Problem, und gut, dass sich dessen angenommen wird. Vielen vielen Dank für den Besuch bei uns, Herbert Reul.“

Herbert Reul, Innenminister des Landes NRW:

„Danke.“

Steffen Hallaschka, Moderator „stern TV“:

“Und viel Erfolg bei der Arbeit gegen die Plofkraaker-Banden.“

# Anhang 2: Schriftlich offene Befragung von KDin Christa Lübbers

## Anhang 2.1: Schriftlich offene Befragung

Guten Tag Frau Lübbers,

zuerst möchte ich mich bei Ihnen für das Angebot bedanken, mir schriftlich Auskunft über aktuelle polizeiliche Erkenntnisse zum Phänomen der Geldausgabeautomaten-Sprengungen zu geben. Ich bin dankbar, dass Sie mich aus dem Innenministerium des Landes Nordrhein-Westfalen heraus als Leiterin der Sonderkommission BEGAS – Bekämpfung von Geldautomatensprengungen – bei meiner Bachelorthesis unterstützen möchten.

### 1 Einleitung

Wie Ihnen bereits bekannt ist, behandelt meine Arbeit die strafrechtliche Bewertung des Phänomens in Bezug auf die niederländischen Tätergruppierungen. Hierzu habe ich bereits den aktuellen rechtlichen Sachstand bezüglich der verschiedenen Tatbestandsvoraussetzungen herausgearbeitet. Im Weiteren möchte ich nun diesen Sachstand mit den aktuellen polizeilichen Erkenntnissen verknüpfen. Anbei finden Sie verschiedene Fragen zum Phänomen mit der Bitte um möglichst konkrete und detaillierte Beantwortung dieser in Bezug auf niederländische Tätergruppierungen. Relevant sind hierbei sowohl alle Ihnen bekannten Informationen als auch teilweise Ihre persönliche Meinung bzw. persönlichen Einschätzungen. Hierbei können die Antworten nicht richtig oder falsch sein, sondern sollen lediglich die Ihnen bekannten Erkenntnisse und Ihre Einschätzung widerspiegeln. Ich weise an dieser Stelle zudem darauf hin, dass die schriftlich offene Befragung als Anhang in meiner Bachelorarbeit veröffentlicht wird. Ich bitte Sie daher, lediglich veröffentlichungsfähige und speziell keine VS-NfD-Informationen in Ihren Antworten aufzuführen.

### 2 Angaben aktueller polizeilicher Erkenntnisse

Folgend finden Sie nun insgesamt 24 Fragen, welche in die Kategorien Phänomen, Problematik, Struktur des Netzwerks, Tatausführende in Deutschland, Tatziele und Tatzeit, Modus Operandi, Fahrzeuge, Spreng- und Tatmittel zur Herbeiführung der Explosion, sonstige Tatmittel, Bekleidung und Typisches Schadensbild/-ausmaß eingeteilt sind, sowie abschließend die Möglichkeit zur Angabe von weiteren Ergänzungen:

## 2.1 Phänomen

Das Bundeslagebild zu Angriffen auf Geldautomaten für 2022 ist noch nicht veröffentlicht worden.

1. Welche Statistiken liegen Ihnen zur bundes- und landesweiten Lage für das Jahr 2022 vor?

2. Welche Statistiken liegen Ihnen bereits zur bundes- und landesweiten Lage für das Jahr 2023 vor?

Im deutschen Strafrecht gibt es – Stand jetzt –keine spezifische Norm, die explizit die Geldautomatensprengungen unter Strafe stellt.

3. Welche Strafbarkeiten werden durch die Tatausführerinnen und Tatausführer erfüllt?

## 2.2 Problematik

Wie auf öffentlich zugänglichen Videoaufzeichnungen zu erkennen ist, nutzen die Täter in aller Regel hochmotorisierte Fahrzeuge. Die Polizei hat Probleme, diese nach der Tat zu verfolgen. Es erscheint also sinnvoller, bereits vor der Tat einzuschreiten.

4. Wo sehen Sie hierbei das größte rechtliche Problem? Bitte begründen Sie.

## 2.3 Struktur des Netzwerks

Soweit Recherchen ergaben, stehen häufig kriminelle Netzwerke aus den Niederlanden hinter professionell begangenen Taten.

5. Handelt es sich nach Ihrem Ermittlungsstand um ein großes Netzwerk oder sind es eher viele kleinere?

6. Wie ist die Bande/sind die Banden Ihrer Erfahrung nach organisiert?

7. Welche Position nehmen verschiedene Rollen in dem dahinterstehenden Netzwerk/den dahinterstehenden Netzwerken ein?

8. Wie sind die in Deutschland handelnden Täterinnen und Täter in dieses Netzwerk/die Netzwerke integriert?

## 2.4 Tatausführende in Deutschland

Wenn die Taten von einer darüberstehenden Organisation geplant werden, müssten doch mit Sicherheit sich wiederholende Umstände festgestellt worden sein.

9. Welche Gemeinsamkeiten konnten bei den Tatausführerinnen und Tatausführern beispielsweise in Bezug auf Alter, Geschlecht, Staatsangehörigkeit, Wohnort, Einfluss von Drogen und Alkohol etc. festgestellt werden?

## 2.5 Tatziele und Tatzeit

Taten mit solcher Präzision bedürfen einer guten Vorplanung, damit dann im Endeffekt auch in der Schnelligkeit gehandelt werden kann.

10. Worauf achten die Tätergruppierungen Ihrer Erfahrung nach bei der Auswahl der Geldautomaten?

11. Zu welcher Uhrzeit werden die Taten typischerweise begangen?

## 2.6 Modus Operandi

12. Inwiefern werden die Taten bereits im Vorhinein organisiert? Werden beispielsweise Fahr- und Sprengtrainings durchgeführt, oder werden mögliche Tatörtlichkeiten im Vorhinein ausbaldowert?

13. Mit welcher Fahrweise begeben sich die Tatausführerinnen und Tatausführer zum Tatobjekt, und mit welcher Fahrweise zeichnet sich das Fluchtverhalten aus? Gehen Sie gerne auf Geschwindigkeiten, Überholmanöver oder sonstige Auffälligkeiten ein.

## 2.7 Fahrzeuge

Wie bereits erwähnt, werden hochmotorisierte Fahrzeuge bei den Taten verwendet.

14. Um welche Fahrzeuge handelt es sich hierbei in Bezug auf Marke, Typ, Ausführungsvariante, Modell etc. genau?

15. Wie gelangen sie an diese Fahrzeuge?

## 2.8 Spreng- und Tatmittel zur Herbeiführung der Explosion

Um an das Geld zu kommen, werden die Geldautomaten aufgesprengt.

16. Mit welchen Sprengmitteln werden diese Explosionen ausgelöst? Die genaue Bauweise der Sprengmittel ist für die Tatbestände von besonderer Relevanz, da im § 310 I Nr. 2 StGB eine Einschränkung auf die Begehung durch Sprengstoffe besteht. Bitte beantworten Sie diese Frage daher möglichst detailliert.

17. Wie werden die verschiedenen Sprengmittel gezündet?

18. Welche Tatmittel werden zur Herbeiführung der Explosion mitgeführt?

19. Wozu werden die einzelnen Gegenstände genutzt?

## 2.9 Sonstige Tatmittel

Neben Tatmitteln, welche für die Sprengungen benötigt werden, ist auf veröffentlichten Videos von Überwachungskameras beispielsweise auch die Nutzung von Brecheisen oder Vorschlaghämmern zu erkennen.

20. Welche Tatmittel werden darüber hinaus im Rahmen der in Deutschland durchgeführten Handlungen mitgeführt?

21. Wozu werden die einzelnen Gegenstände genutzt?

## 2.10 Bekleidung

Die Täterinnen und Täter tragen auf den oben genannten Überwachungsvideos häufig dunkle Kleidung.

22. Konnten bei der Kleidung Besonderheiten festgestellt werden?

## 2.11 Typisches Schadensbild/-ausmaß

Anhand von öffentlich zugänglichen Video- und Bildaufnahmen lässt sich die Kraft der Explosionen erahnen. Konkretisieren Sie bitte nachfolgend die tatsächlichen Auswirkungen.

23. Wie hoch sind die Schadenshöhen in und an den Gebäuden?

24. Welche weiteren Konsequenzen haben die Sprengungen beispielsweise im Hinblick auf die Statik der Gebäude?

## 2.12 Ergänzendes

Sollten Sie über die obenstehenden Fragen hinaus noch weitere, Ihrer Meinung nach wichtige Informationen haben, können Sie diese nun gerne nachfolgend aufführen.

# 3 Danksagung und weiterer Verlauf

Ich möchte mich nun noch einmal für Ihre Zeit, sowie für alle von Ihnen bereitgestellten Informationen bedanken. Wenn Sie veröffentlichungsfähige Bilder von Tatmitteln oder sonstigen Inhalten haben, können Sie mir die gerne zur Verfügung stellen. Diese kann ich dann mit in meine Bachelorthesis einbringen, um so den praxisnahen Polizeibezug zu verbessern, sowie das Aussehen von verschiedenen Tatmitteln zu verdeutlichen.

Im weiteren Verlauf meiner Thesis werde ich die Erkenntnisse aus den von Ihnen aufgeführten Antworten herausarbeiten und in meine Arbeit mit einbeziehen. Nach einer Darstellung der aktuellen Lage bzw. der aktuellen Informationen darüber, wird eine rechtliche Betrachtung folgen, in welcher die Ergebnisse aus dieser Befragung angewandt werden sollen, um dann weitergehend mögliche Vorfeldstrafbarkeiten darstellen zu können und auf die Begründung eines Anfangsverdachts gem. § 152 II StPO einzugehen.

Für Rückfragen stehe ich Ihnen selbstverständlich zur Verfügung.

Freundliche Grüße

Carlo Hersebrock

## Anhang 2.2: Antworten auf schriftlich offene Befragung

Guten Tag Frau Lübbers,

zuerst möchte ich mich bei Ihnen für das Angebot bedanken, mir schriftlich Auskunft über aktuelle polizeiliche Erkenntnisse zum Phänomen der Geldausgabeautomaten-Sprengungen zu geben. Ich bin dankbar, dass Sie mich aus dem Innenministerium des Landes Nordrhein-Westfalen heraus als Leiterin der Sonderkommission BEGAS – Bekämpfung von Geldautomatensprengungen – bei meiner Bachelorthesis unterstützen möchten.

### 1 Einleitung

Wie Ihnen bereits bekannt ist, behandelt meine Arbeit die strafrechtliche Bewertung des Phänomens in Bezug auf die niederländischen Tätergruppierungen. Hierzu habe ich bereits den aktuellen rechtlichen Sachstand bezüglich der verschiedenen Tatbestandsvoraussetzungen herausgearbeitet. Im Weiteren möchte ich nun diesen Sachstand mit den aktuellen polizeilichen Erkenntnissen verknüpfen. Anbei finden Sie verschiedene Fragen zum Phänomen mit der Bitte um möglichst konkrete und detaillierte Beantwortung dieser in Bezug auf niederländische Tätergruppierungen. Relevant sind hierbei sowohl alle Ihnen bekannten Informationen als auch teilweise Ihre persönliche Meinung bzw. persönlichen Einschätzungen. Hierbei können die Antworten nicht richtig oder falsch sein, sondern sollen lediglich die Ihnen bekannten Erkenntnisse und Ihre Einschätzung widerspiegeln. Ich weise an dieser Stelle zudem darauf hin, dass die schriftlich offene Befragung als Anhang in meiner Bachelorarbeit veröffentlicht wird. Ich bitte Sie daher, lediglich veröffentlichungsfähige und speziell keine VS-NfD-Informationen in Ihren Antworten aufzuführen.

### 2 Angaben aktueller polizeilicher Erkenntnisse

Folgend finden Sie nun insgesamt 24 Fragen, welche in die Kategorien Phänomen, Problematik, Struktur des Netzwerks, Tatausführende in Deutschland, Tatziele und Tatzeit, Modus Operandi, Fahrzeuge, Spreng- und Tatmittel zur Herbeiführung der Explosion, sonstige Tatmittel, Bekleidung und Typisches Schadensbild/-ausmaß eingeteilt sind, sowie abschließend die Möglichkeit zur Angabe von weiteren Ergänzungen:

#### 2.1 Phänomen

Das Bundeslagebild zu Angriffen auf Geldautomaten für 2022 ist noch nicht veröffentlicht worden.

1. <u>Welche Statistiken liegen Ihnen zur bundes- und landesweiten Lage für das Jahr 2022 vor?</u>

Für Nordrhein-Westfalen sind 2022 folgende Informationen zu GA-Sprengungen bekannt:

a) Anzahl Angriffe auf GA nach Kalendermonaten:

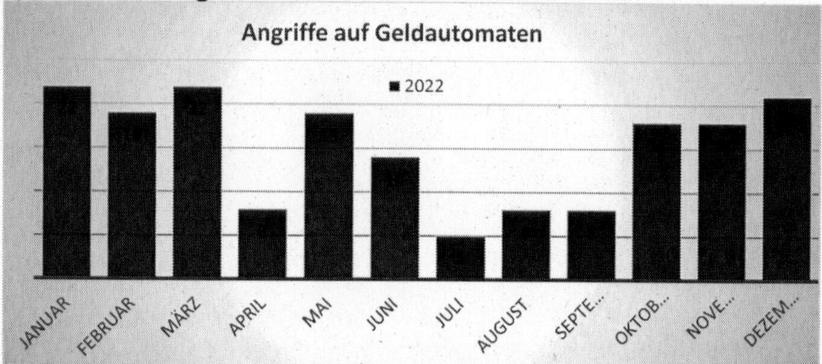


b) Betroffene Kreispolizeibehörden – hier: nur Landratsbehörden

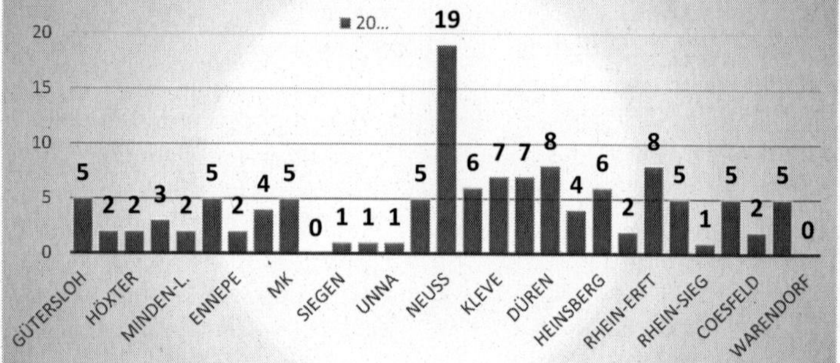


c) Betroffene Kreispolizeibehörden – hier: nur Präsidien

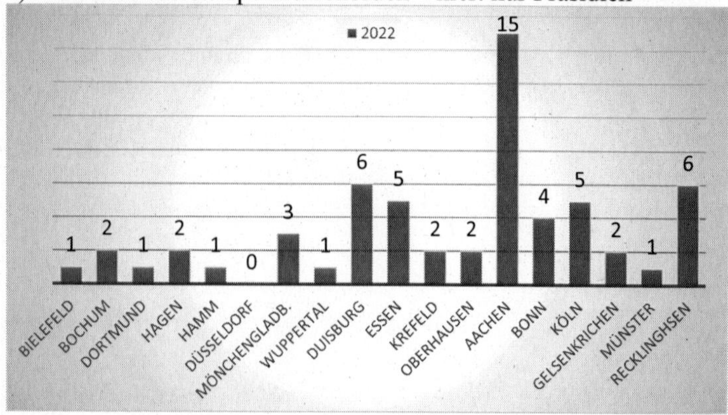

d) Betroffene Banken

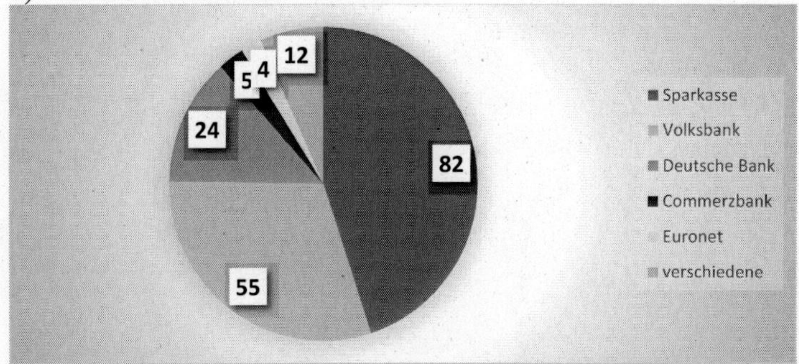


e) Verhältnis von Versuch und Vollendung

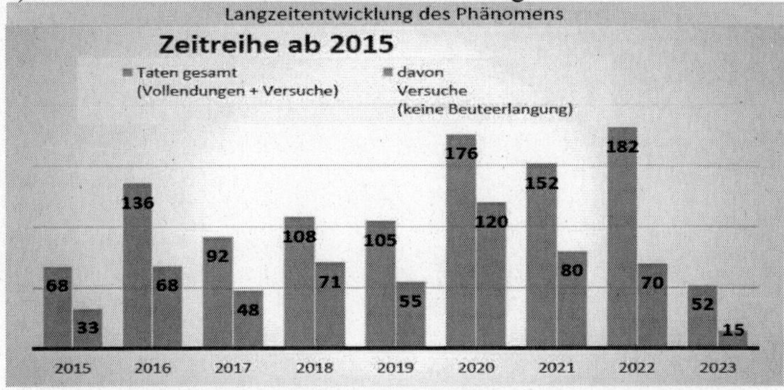


f) Vergleich Land NRW / Bund aus 2022

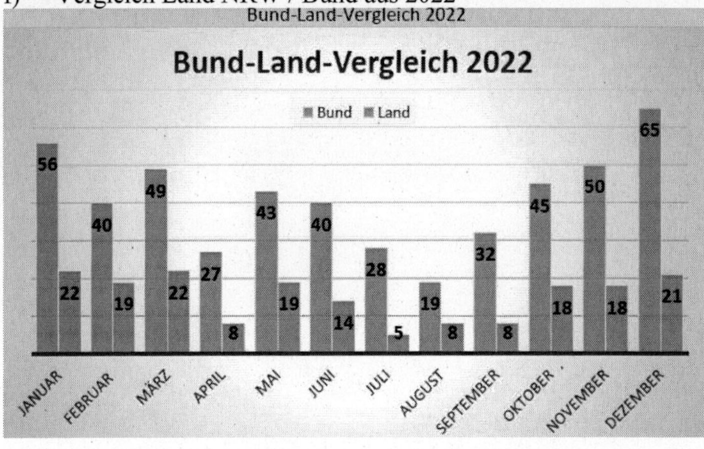

2. <u>Welche Statistiken liegen Ihnen bereits zur bundes- und landesweiten Lage für das Jahr 2023 vor?</u>

a) Anzahl Angriffe auf GA nach Kalendermonaten

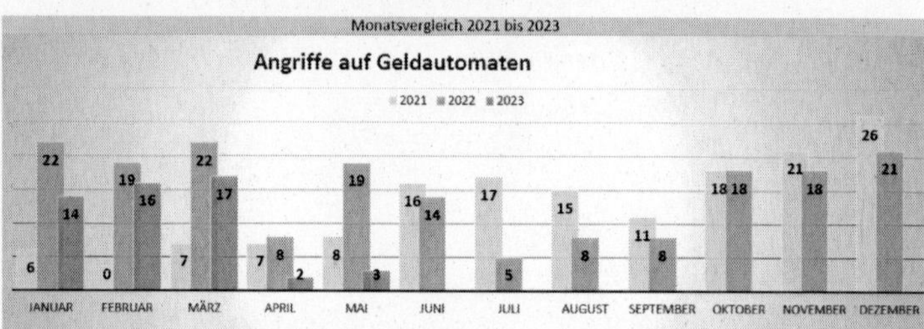


b) Betroffene Kreispolizeibehörden – hier: nur Landratsbehörden

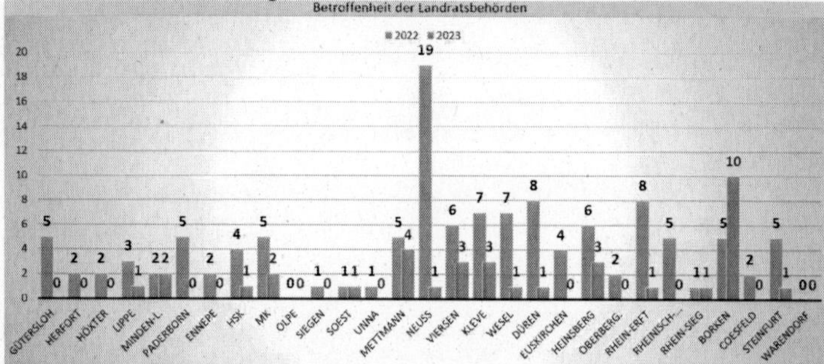


c) Betroffene Kreispolizeibehörden – hier: nur Präsidien

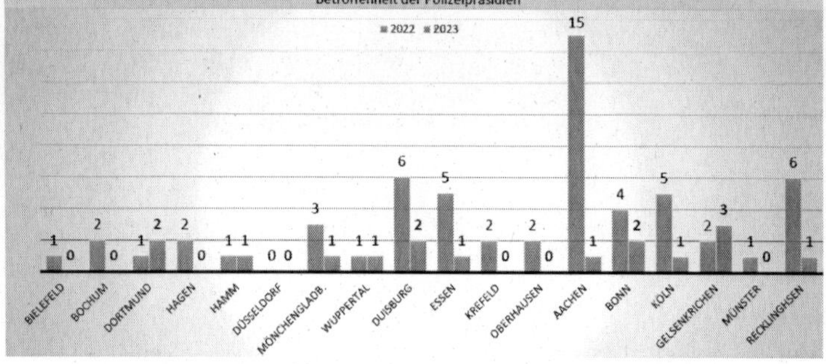

d) Betroffene Geldinstitute

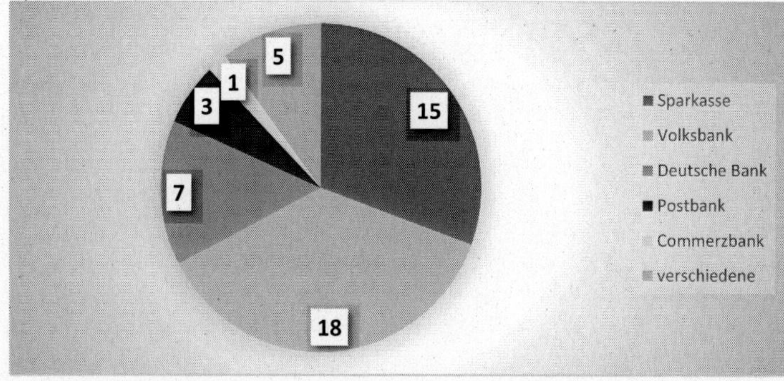


e) Täterstruktur

Nach Auskunft des BKA stammen etwa 2/3 der Tatverdächtigen aus den Niederlanden. Für NRW dürfen wir aufgrund der Nähe zu den Niederlanden davon ausgehen, dass der Anteil eventuell noch höher liegt als im bundesweiten Durchschnitt. Da die niederländischen Tätergruppen darüber hinaus ausgesprochen professionell sind und seit 2020 überwiegend mit festen Explosivstoffen mitunter ganze Gebäude zerstören und die darin lebenden Menschen an Leben und Gesundheit gefährden, liegt der Schwerpunkt nordrhein-westfälischer Strafverfolgungsbehörden auf eben dieser Täterklientel.

Im deutschen Strafrecht gibt es – Stand jetzt –keine spezifische Norm, die explizit die Geldautomatensprengungen unter Strafe stellt.

3. Welche Strafbarkeiten werden durch die Tatausführerinnen und Tatausführer erfüllt?

Das ist höchst unterschiedlich. Es gibt Taten, die werden lediglich als Sachbeschädigung erfasst – Bsp: eine beschädigte Zugangstür zu einer Bankfiliale, fast immer gilt jedoch der besonders schwere Fall des Diebstahls (§§ 242, 243 StGB) als mindestens versucht. Zudem Brand- und/oder Sprengstoffdelikte (versuchte schwere Brandstiftung/Herbeiführen einer Sprengstoffexplosion). Das vollkommen rücksichtlose Verhalten der Täter ließe ggf. auch ein (mindestens bedingt vorsätzlich) begangenes Tötungsdelikt zu, z B., wenn es sich bei dem angegangenen Objekt um ein bewohntes Gebäude handelt.

Unterschiedlich betrachtet werden auch die gruppendynamischen Prozesse der handelnden Akteure. Vor Ort agieren in der Regel drei bis vier Personen, von denen jeweils einer am Steuer eines mit laufendem Motor wartenden, hochmotorisierten Fluchtfahrzeugs verbleibt, während die anderen zwei oder drei Personen arbeitsteilig die

Sprengpakete an den Automaten anbringen und nach erfolgten Sprengungen die Beute in Taschen verstauen und dann flüchten. Neben dieser drei- oder vierköpfigen Gruppierung sind im Hintergrund Logistiker und Koordinatoren beteiligt, zudem vermutlich Auftraggeber und Empfänger des Großteils der Beute.

Während einzelne Staatsanwaltschaften Verfahren gem. §129 StGB – mitgliedschaftliche Beteiligung an einer kriminellen Vereinigung – einleiten, ist in Nordrhein-Westfalen eher die Einleitung von Verfahren nach individueller Tatbeteiligung an o. a. Straftatbeständen nach 242, 243, 308 etc. die Regel. Umgangssprachlich bezeichnet man die Täterstruktur als „fluides Netzwerk“, welches gerade nicht die Definition einer Vereinigung erfüllt, weil zwar im Einzelfall zusammen agiert wird, aber die Personen sich nicht dauerhaft zur gemeinsamen Begehung von Straftaten zusammengefunden haben.

## 2.2 Problematik

Wie auf öffentlich zugänglichen Videoaufzeichnungen zu erkennen ist, nutzen die Täter in aller Regel hochmotorisierte Fahrzeuge. Die Polizei hat Probleme, diese nach der Tat zu verfolgen. Es erscheint also sinnvoller, bereits vor der Tat einzuschreiten.

4. Wo sehen Sie hierbei das größte rechtliche Problem? Bitte begründen Sie.

Seit 2020 sprengen die Täter überwiegend mit festen Explosivstoffen. Das Anbringen eines solchen Paketes dauert nur wenige Sekunden, daher kann eine unmittelbare Ansetzung zur Tat keinesfalls abgewartet werden, ohne das Leben und die Gesundheit der Personen, die sich ggf. im Gebäude aufhalten, erheblich zu gefährden. Kommt ein Zugriff auf die Personen zu einem Zeitpunkt des unmittelbar bevorstehenden Sprengens ist darüber hinaus auch das Leben der einsetzten Polizeikräfte in Gefahr.

Die Täter verhalten sich bis unmittelbar zur Tatbegehung in der Regel unauffällig. Einziges, von außen erkennbares Merkmal ist ein bestimmter Fahrzeugtyp und typische Tatzeiten in der Regel nach Mitternacht bis in die frühen Morgenstunden. Die Kontrolle eines solchen Fahrzeugs würde in der Regel dazu führen, dass – selbst bei vermutetem Bezug zu Angriffen auf Geldautomaten – weder ein konkretes Zielobjekt noch eine konkrete Tatbegehungsweise bekannt wird. Ein unmittelbares Ansetzen zu einer der oben angegebenen Delikte kommt daher in der Regel überhaupt nicht in Betracht.

In wenigen Fällen konnte festgestellt werden, dass das am Fahrzeug befindliche Kraftfahrzeugkennzeichen im Fahndungsbestand als gestohlen erfasst ist. Dann kommen Tatbestände wie Urkundenfälschung, Verstöße gegen das Kraftfahrzeugversicherungsgesetz oder Kraftfahrt-Steuergesetz in Betracht. Diese Delikte sind jedoch so geringfügig, dass sie keine Katalogtaten des § 100 a StPO abbilden und keinesfalls für freiheitsentziehende Maßnahmen herangezogen werden können.

Hinzu kommt, dass die überwiegende Anzahl der Täter aus den Niederlanden stammt und diese nach Entrichtung einer Sicherheitsleitung in ihr Heimatland zurückkehren.

## 2.3 Struktur des Netzwerks

Soweit Recherchen ergaben, stehen häufig kriminelle Netzwerke aus den Niederlanden hinter professionell begangenen Taten.

5. Handelt es sich nach Ihrem Ermittlungsstand um ein großes Netzwerk oder sind es eher viele kleinere?

Die Angriffe auf Geldautomaten sind meiner Einschätzung nach ein „Symptom" der Organisierten Kriminalität. In Clan-artigen Strukturen werden junge Männer unter dem Angebot einer Gewinnbeteiligung sowie dem Zur-Verfügung-Stellen von hochmotorisierten Kraftfahrzeugen und Drogen zu derartigen Taten angestiftet. Unter den oft sehr jungen Männern gibt es eine Art Kult-Status, wenn jemand besonders erfolgreich agiert. Diese jungen Männer leben in prekären Verhältnissen überwiegend in den großen Ballungsgebieten der Städte Amsterdam, Rotterdam und Utrecht.

Wie viele dieser Clan-artigen Strukturen es in den Niederlanden gibt, weiß vermutlich niemand so ganz genau. Nach Einschätzung meiner niederländischen Kolleginnen und Kollegen sind es aber mindestens neun Gruppierungen, die sich auf die Begehung von Angriffen auf Geldautomaten spezialisiert haben. Das Problem ist, dass wir in der Regel die Sprenger und ihre Helfer vor Ort erwischen. Diese sind jedoch austauschbar. Wird eine Sprenger-Truppe gefasst, so wird die nächste Truppe beauftragt.

6. Wie ist die Bande/sind die Banden Ihrer Erfahrung nach organisiert?

Soweit wir es wissen, scheint es eine klare Rollenteilung zu geben. Es gibt Personen, die sich um die Beschaffung der Sprengmittel kümmern, jene, die sich um die Beschaffung der Fahrzeuge und der Ausrüstungsgegenstände kümmern und natürlich jene, die sich um den Absatz des erbeuteten Bargeldes kümmern. Einige Sprenger haben sich darüber hinaus auf bestimmte weitere Delikte „spezialisiert“ – einer der vor kurzem festgenommenen Täter hatte sich z. B. zusätzlich zu seinen Sprengfähigkeiten auf den Diebstahl hochwertiger Kraftfahrzeuge spezialisiert.

Darüber hinaus scheint es Personen zu geben, die einen über die jeweilige Gruppierung hinausgehenden Wissenstransfer gewährleisten. Anders ist kaum zu erklären, warum die niederländischen Tätergruppierungen derart anpassungsfähig an polizeiliche oder technische Maßnahmen sind. Wir können immer wieder feststellen, dass gezielt nach Schwachstellen an Automaten und Banken gesucht wird. Werkzeuge und tatnotwendige Mittel werden dann an die Schwächen angepasst. So hatten die meisten Banken aufgrund der Sprengungen mit Gas ihre Automaten mit einem Gas-EX-Modul ausgestattet, welches die Zündfähigkeit des Gasgemisches neutralisiert hat. Als die Täter erkannten, dass sie mit Gas nicht länger erfolgreich sind, haben sie auf feste Explosivstoffe umgestellt.

Zum Rekrutierungsverhalten und auch zur Anzahl potentieller Sprenger liegen keine gesicherten Erkenntnisse vor. Das BKA spricht von mehreren Hundert bis zu tausend jungen Männern, die für derartige Aufgaben in den Niederlanden zur Verfügung stehen.

7. <u>Welche Position nehmen verschiedene Rollen in dem dahinterstehenden Netzwerk/den dahinterstehenden Netzwerken ein?</u>

An dieser Stelle können wir nur Vermutungen anstellen, welche auf Erkenntnissen bereits geführter Verfahren beruhen. Wollte man eine hierarchische Struktur zeichnen, so würden die eigentlichen Sprenger vermutlich zur untersten Stufe (geringer Einfluss auf und geringe Kenntnisse von organisierten Strukturen), die Beschaffer der Sprengmittel, sonstiger Tatwerkzeuge und Ausrüstungsgegenstände könnten eine sogenannte mittlere Ebene bilden (gewisser Einfluss und gewisse Kenntnisse zu den jeweiligen Auftraggebern), die Auftraggeber und die Abnehmer des überwiegenden Teils der erlangten Beute, die sich im Anschluss an die Tat darum kümmern, das Bargeld in den regelgerechten Wirtschaftskreislauf zu bringen könnte man vielleicht als mittlere Führungsebene mit eigenem örtlichen Zuständigkeitsbereich bezeichnen. Die obere und oberste Führungsebene begeht vermutlich allenfalls Straftaten der Wirtschaftskriminalität, vermeidet aber grundsätzlich jede Form staatlicher Aufmerksamkeit.

8. Wie sind die in Deutschland handelnden Täterinnen und Täter in dieses Netzwerk/die Netzwerke integriert?

In Deutschland handelt, soweit man das bei einer Aufklärungsquote von durchschnittlich unter 30 Prozent beurteilen kann, die Ausführungsebene mit lediglich geringen Kenntnissen der Struktur. Darüber hinaus wurden deutsche Zuliefere von z. B. Mietfahrzeugen oder Grundstoffen für Sprengmittel im Dienste der Sprenger tätig. In seltenen Fällen konnte festgestellt werden, dass verunfallte oder aus anderen Gründen geflohene Täter durch Rückholer (z. B. niederländische Taxifahrer) zurück in die Niederlande geholt werden.

Die Täter, die wir erwischen, haben in der Regel keine Angaben zur Sache gemacht. Wir gehen aber davon aus, dass sie auch kaum Informationen zu den Hintermännern dieser ganzen Geld-Beschaffungs-Maschinerie haben. Wir wissen aus verdeckten Maßnahmen, dass die einzelnen Tatbeteiligten oft erst bei der Abfahrt in den Niederlanden erfahren, mit wem sie zusammenarbeiten. Die Konstellation der Beteiligten variiert häufig. Das ist auch ein Grund, warum es manchmal trotz vorhandener DNA-Spuren zu einem Freispruch kommt. Sofern eine DNA auf einem Gegenstand gefunden wird, der von den Tätern zum Tatort mitgebraucht wurde, stellt dies keinen Beweis mehr für die Anwesenheit des Täters am Tatort dar. Und weil die Zusammenarbeit nicht in einer Bande erfolgt, sondern immer wieder neu gemischt und besetzt wird, sind Tatserien schwer zu belegen.

## 2.4 Tatausführende in Deutschland

Wenn die Taten von einer darüberstehenden Organisation geplant werden, müssten doch mit Sicherheit sich wiederholende Umstände festgestellt worden sein.

9. Welche Gemeinsamkeiten konnten bei den Tatausführerinnen und Tatausführern beispielsweise in Bezug auf Alter, Geschlecht, Staatsangehörigkeit, Wohnort, Einfluss von Drogen und Alkohol etc. festgestellt werden?

Bei den Tätern handelt es sich, wie bereits dargestellt, fast ausschließlich um Männer zwischen 18 und 30. Diese sind in ärmlichen Verhältnissen, oft in großen Wohnsilos, aufgewachsen und sehen für sich kaum legale Wege, einen gewissen Reichtum zu erzielen. Wie oben bereits erwähnt, sind in der Regel prekäre Wohn- und Lebensverhältnisse in den Ballungsgebieten von Amsterdam, Rotterdam und Utrecht die Herkunft der Täter. Viele der Täter sind in den Niederlanden geboren, deren Familien haben jedoch überwiegend marokkanische oder andere nordafrikanische Zuwanderungsgeschichte.

Zum Konsum von Alkohol habe ich keine Erkenntnisse. In wenigen Fällen, in denen die Täter z. B. bei der Flucht verunfallt sind, konnten Betäubungsmittel nachgewiesen werden. Aufgrund der scheinbar vollkommenen Furchtlosigkeit und Aggressivität der Täter beim Fluchtverhalten ist zu vermuten, dass der Einsatz berauschender und enthemmender Mittel eher die Regel als die Ausnahme ist.

## 2.5 Tatziele und Tatzeit

Taten mit solcher Präzision bedürfen einer guten Vorplanung, damit dann im Endeffekt auch in der Schnelligkeit gehandelt werden kann.

10. Worauf achten die Tätergruppierungen Ihrer Erfahrung nach bei der Auswahl der Geldautomaten?

Für die Täter ist insbesondere wichtig, dass die Flucht im Anschluss an die Tat gelingt. Ein wichtiges Kriterium ist daher die Nähe zu einer Autobahn. NRW eignet sich aufgrund seiner ausgezeichneten Verkehrsinfrastruktur daher überwiegend gut für die Täter. Die Geldautomaten werden typischerweise vor der Tat ausgekundschaftet, d.h. es gibt bestimmte Typen von Automaten, die leichter zugänglich sind als andere.

Manche Gruppierungen haben sich auf bestimmt Hersteller oder Typen von Automaten spezialisiert.

Ich denke, dass auch eine Rolle spielt, wie frequentiert ein Geldautomat ist. Die Täter wollen in der Regel weder Zeugen noch Polizei in der Nähe. Wir haben diese Annahmen auch als Grundlage für eine Risikobewertung von Geldautomaten verwendet – die insgesamt 22 Arbeitshypothesen habe ich als Anhang beigefügt.

11. <u>Zu welcher Uhrzeit werden die Taten typischerweise begangen?</u>

Typische Tatzeit ist in der Regel ab 1:00 Uhr bis etwa 5:00 Uhr. Hier eine Übersicht:

| Tatzeit | 2022 (182 Taten) | 2023 (48 Taten - Stand: 23.4.23) |
|---|---|---|
| 0:00 - 0:59 | 7 | 0 |
| 1:00 - 1:59 | 26 | 10 |
| 2:00 - 2:59 | 66 | 10 |
| 3:00 - 3:59 | 64 | 14 |
| 4:00 - 4:59 | 12 | 8 |
| 5:00 - 5:59 | 4 | 3 |
| 6:00 - 5:59 | 0 | 0 |
| 7:00 - 7:59 | 0 | 0 |
| 8:00 - 8:59 | 0 | 0 |
| 9:00 - 9:59 | 1 | 0 |
| 10:00 - 20:59 | 0 | 0 |
| 21:00 - 21:59 | 1 | 0 |
| 22:00 - 22:59 | 0 | 3 |
| 23:00 - 23:59 | 1 | 0 |
| Summe: | 182 | 48 |

## 2.6 Modus Operandi

12. <u>Inwiefern werden die Taten bereits im Vorhinein organisiert? Werden beispielsweise Fahr- und Sprengtrainings durchgeführt, oder werden mögliche Tatörtlichkeiten im Vorhinein ausbaldowert?</u>

Auch hierzu gibt es überwiegend Vermutungen und kaum belegbare Fakten. Richtig ist, dass es Ankäufe von Geldautomaten durch die Sprengerszene gegeben hat, an denen Testsprengungen probiert wurden. Wir haben Erkenntnisse, dass die Tätergruppen sich unterschiedliche Typen von Geldautomaten verschaffen, um so an die optimale Öffnungstechnik für den jeweiligen Automatentyp zu gelangen. Bei einer solchen Testsprengung ist bereits mindestens ein niederländischer Täter zu Tode gekommen.

Was das Fahrtraining auf Rennstrecken angeht, so liegen keine konkreten Hinweise vor, ich halte es aber für sehr wahrscheinlich. Der versierte Umgang mit den überwiegend hochmotorisierten, neuen Fahrzeugen muss irgendwo erlernt worden sein. Hier fehlen allerdings gesicherte Erkenntnisse – vielleicht trainieren sie auf Deutschlands Autobahnen, die sich aufgrund nicht vorhandener maximaler Höchstgeschwindigkeit für diese Zwecke anbieten. Aufgrund der Grenznähe zu NRW und der in Deutschland fehlenden Höchstgeschwindigkeit auf Autobahnen können die jungen Männer ihre Fahrzeuge auch auf deutschen Autobahnen testen. Delikte in diesem Zusammenhang werden, sofern sie polizeilich bekannt werden, oft als illegale Autorennen erfasst. Einen konkreten Tatzusammenhang zwischen den illegalen Autorennen und der Szene der Geldautomatenhersteller lässt sich fast nie belastbar herstellen.

Zum Ausbaldowern gibt es hinreichende Erkenntnisse. Eine Auswertung der mitgeführten IT (Mobiltelefone, Navigationsgeräte u. a. ) zählt zu den Standardmaßnahmen der Ermittlungen. Regelmäßig sind dort Verweilzeiten in der Nähe von Geldinstituten, teileweise bereits Monate vor einer Tat, erkennbar, für die es kaum eine andere sinnvolle Erklärung gibt. Wir gehen davon aus, dass in so gut wie allen Fällen die späteren Tatorte im Vorfeld „begutachtet" wurden.

Ein typischer Sachverhalt führt die Täter unter Navigation zu einem ersten GA. Auf dieser nächtlichen Fahrt führen die Täter häufig technisches Equipment mit, welches geeignet ist, in der Nähe befindliche Digitalfunk-Geräte zu detektieren. Auf diesem Weg können sie bereits bei der Anfahrt zu einem potenziellen Tatort erkennen, ob Polizeikräfte in der Nähe aufhältig sind – sollten hier weder Polizeikräfte noch unliebsame Zeugen erkannt werden, verschaffen sich die Täter zunächst Zugang zum Objekt. In der Regel wird im Tatzeitraum ein Jammer eingesetzt, um zu verhindern, dass SIM-Karten mitgeführter Mobiltelefone oder SIM-Karten der verwendeten Fahrzeuge im Funkmast des Tatortes erfasst werden. So versuchen sie, eine spätere Identifizierung und das Feststellen einer Verbindung zum Tatort zu vermeiden.

Oft wird dann zunächst ein erstes Sprengpaket platziert, um den Automaten zu öffnen. Ein Sprengpaket ist in der Regel so vorbereitet, dass es eine mit Panzertape umwickelte Menge an Schwarzpulver enthält. In diesem Schwarzpulver befindet sich ein Stromkabel, des Kabel im inneren des Paketes mit einem einfachen Glühdraht – ähnlich dem in einer Glühbirne – miteinander verbunden sind. Das Kabel wird dann so weit abgerollt, bis die Täter einen für sie sicheren Ort erreicht haben, um die erste Sprengladung starten zu können. Hierzu ist das Schließen des Stromkreises im Sprengpaket und das zugeben von Energie erforderlich. In der Regel wird hier eine handelsübliche Taschenlampe oder auch ein Mobiltelefon mit Akku verwendet – das Einschalten der Lampe bzw. des Telefons bringt den im Innern des Sprengpacks befindlichen Glühdraht zum Glühen und setzt so das Schwarzpulver in Brand, welches dann explodiert.

Nach der ersten Explosion wird in der Regel ein zweiter Sprengsatz tief im Innern des Automaten gezündet, um die Geldkassetten freizulegen. Selten hören Zeugen drei Sprengungen – oft wurde dann mit einer vorangegangenen Sprengung der Zugang in das Bankgebäude verschafft.

Nach der Tat sammeln die Täter Beute und Equipment ein und flüchten mit halsbrecherischer Fahrweise zurück in die Niederlande. Zum Abtransport der Geldkassetten werden in der Regel große Sporttaschen verwendet. Häufig tragen die Täter bei der Tatausführung Regenkombinationen aus Regenjacke und Regenhose, häufig von der Firma HEMA – um Identifizierungen zu erschweren. Manche Täter führen darüber hinaus Gasmasken mit, um häufig installierten Vernebelungsanlagen entgegenzuwirken. Der gesamte Tatablauf dauert nur wenige Minuten.

Haben die Täter kein Bargeld erbeutet, sind sie für weitere Sprengungen vorbereitet und können in der gleichen Nacht ein zweites, ggf. auch ein drittes Mal zuschlagen. Nach erfolgreicher Sprengung reisen die niederländischen Täter häufig über den gleichen Weg, auf dem sie nach Deutschland eingereist sind, auch wieder aus.

13. Mit welcher Fahrweise begeben sich die Tatausführerinnen und Tatausführer zum Tatobjekt, und mit welcher Fahrweise zeichnet sich das Fluchtverhalten aus? Gehen Sie gerne auf Geschwindigkeiten, Überholmanöver oder sonstige Auffälligkeiten ein.

Auf der Fahrt zum Tatort verhalten die Täter sich in der Regel unauffällig. Wir vermuten, dass in der Nacht nicht nur die Sprenger, sondern immer auch weitere Beteiligte in Tatortnähe sind, um die Entdeckungswahrscheinlichkeit zu reduzieren.

Auf ihren Fluchten fahren sie Geschwindigkeiten bis zu 300 km/h. In einer besonders spektakulären Flucht über die Autobahn war selbst ein Hubschrauber nicht mehr in der Lage, dem Fahrzeug zu folgen. Sie setzen darüber hinaus für den vor ihnen fahrenden Verkehr sogenannte „Front-Blitzer“ ein, um sich den Weg frei zu nötigen. Gegen Verfolgerfahrzeuge werden z. B. Laserpointer eingesetzt, um die folgenden Fahrzeugführer zu blenden. In einigen Fällen wurden metallene Krampen und Nägel aus dem Fahrzeug geworfen, damit die verfolgenden Fahrzeuge Reifenschäden erleiden.

Um Zeitverzug durch Tankvorgänge zu vermeiden, führen die Fahrer große Mengen Treibstoff mit, damit sie nötigenfalls auch auf dem Seitenstreifen einer Autobahn nachtanken können.

## 2.7 Fahrzeuge

Wie bereits erwähnt, werden hochmotorisierte Fahrzeuge bei den Taten verwendet.

14. Um welche Fahrzeuge handelt es sich hierbei in Bezug auf Marke, Typ, Ausführungsvariante, Modell etc. genau?

Der in 2022 am häufigsten eingesetzt gewesene Fahrzeugtyp ist ein Pkw der Marke Audi (64 von 182). Häufig werden Kombi-Fahrzeuge benutzt, die eine große Ladefläche bieten. Hier Audi A6 Avant/Kombi oder RS3/RS 6. In der Regel in dunkler Farbe.

Daneben kommen hochmotorisierte Fahrzeuge der Marken Alpha Romeo, BMW, Mercedes und Ford in Betracht. Die Farbe der Fahrzeuge variiert – teilweise werden Fahrzeuge in den Niederlanden umlackiert bzw. mit andersfarbiger Folie versehen, um das Erkennen von Tatzusammenhängen zur erschweren.

15. Wie gelangen sie an diese Fahrzeuge?

Auch hier gibt es mindestens drei unterschiedliche Varianten:

- die Fahrzeuge werden vor der Tat (teilweise Monate oder Jahre zuvor) entwendet
- die Fahrzeuge werden bei Verleihfirmen geliehen
- es werden eigene Fahrzeuge (z. B. Firmenfahrzeuge) genutzt, die mit gestohlenen Kennzeichen oder andersfarbiger Folierung ein abweichendes Erscheinungsbild erhalten

## 2.8 Spreng- und Tatmittel zur Herbeiführung der Explosion

Um an das Geld zu kommen, werden die Geldautomaten aufgesprengt.

16. Mit welchen Sprengmitteln werden diese Explosionen ausgelöst? Die genaue Bauweise der Sprengmittel ist für die Tatbestände von besonderer Relevanz, da im § 310 I Nr. 2 StGB eine Einschränkung auf die Begehung durch Sprengstoffe besteht. Bitte beantworten Sie diese Frage daher möglichst detailliert.

Bei den Sprengungen werden in der überwiegenden Anzahl sogenannte „Blitz-Knall-Sätze“ verwendet. Hierbei handelt es sich um den explosionsfähigen Inhalt von (illegalen) Feuerwerkskörpern. Die konkrete chemische Zusammensetzung ist abhängig von der Herkunft des Materials. In jedem Fall besteht ein pyrotechnisches Material aus einem Oxidationsmittel (Nitrate, Chlorate, Peroxide o. a.) und einem Brennstoff (hier wird überwiegend Schwarzpulver oder Aluminiumpulver verwendet).

Frei verkäufliche Feuerwerkskörper dürfen in Deutschland keinen Blitz-Knallsatz mit Aluminiumpulver und Kaliumperchlorat enthalten. Dies ist jedoch die häufigste Mischung in Großfeuerwerken, die KEI-NEN Konformitätsnachweis nach dem Sprengstoffgesetz haben und somit in Deutschland unerlaubt sind. Die bei den Sprengungen überwiegend verwendeten Blitz-Knall-Sätze bestehen aus Kalium-Perchlorat und Aluminiumpulver.

Die Form und Menge der Sprengmittel wird dem jeweiligen Automatentyp angepasst. So gibt es flache, etwa 10 mal 10 cm große Pakete, dreieckig geformte Pakete oder auch Pakete in Wurstform. In der Regel sind die Sprengmittel mit sogenanntem „Panzertape“ ummantelt und häufig bereits mit einem Kabelstück versehen.

In der Regel setzten die Täter mehrere hundert Gramm Sprengmittel ein. Im Einzelfall konnten auch Mengen von mehr als 1 kg festgestellt werden.

Gas-Sprengungen kommen so gut wie gar nicht mehr vor – sollten Gasflaschen in einem potentiellen Tatfahrzeug gefunden werden, handelt es sich vermutlich eher um „Trittbrett-Fahrer“ und nicht um hoch professionelle niederländische Tatbeteiligte.

### 17. Wie werden die verschiedenen Sprengmittel gezündet?

Gezündet werden die Sprengpakete durch einen Anzündsatz – hier reicht in der Regel der Draht einer Glühbirne, der mit Hilfe eines Stromkabels durch die Zuführung von Strom zu glühen beginnt und da-mit den enthaltenen Sprengsatz zur Umsetzung bringt. In seltenen Fällen werden vom Hauptspreng-mittel abweichende, weniger handhabungssichere Stoffe wie TATP (Tri-Aceton-Tri-Peroxid) oder andere Selbstlaborate als Initialsprengstoff verwendet.

18. Welche Tatmittel werden zur Herbeiführung der Explosion mitgeführt?

Der Zugang zum Gebäude wird, sofern es sich um eine Glasfront handelt, eingeschlagen z. B. mit einem großen Hammer (Vorschlaghammer) oder aufgehebelt (mit Brecheisen). Zur Herbeiführung der Explosion genügt der eben beschriebene Sprengsatz, ein langes Stromkabel und eine beliebige Stromquelle. Häufig benutzen die Täter große Taschenlampen oder auch manipulierte Mobiltelefon, deren Akku- bzw. Batterieleistung vollkommen ausreicht, um mehrere Explosionen zu starten.

19. Wozu werden die einzelnen Gegenstände genutzt?

Neben den oben erwähnten Sprengmitteln und Schlag- bzw. Brechwerkzeug führen die Täter Hilfsmittel zum Platzieren der Sprengmittel im Innern des Automaten mit. Hier kommt z. B. ein an eine Metallstande angeschweißtes T-Stück zum Einsatz (sogenannter „Pizzaschieber") oder auch ein längerer Stab (sogenannte „Angel"). Die Täter entwickeln spezielles Equipment, welches für bestimmte Schwachstellen der jeweiligen Automatentypen vorbereitet wurde.

### 2.9 Sonstige Tatmittel

Neben Tatmitteln, welche für die Sprengungen benötigt werden, ist auf veröffentlichten Videos von Überwachungskameras beispielsweise auch die Nutzung von Brecheisen oder Vorschlaghämmern zu erkennen.

20. Welche Tatmittel werden darüber hinaus im Rahmen der in Deutschland durchgeführten Handlungen mitgeführt?

Zur Liste der regelmäßig mitgeführten Gegenstände gehören darüber hinaus noch Treibstoffgefäße mit bis zu mehr als 100 Litern Treibstoff, bearbeitet Gießkannen, die durch Entfernen des Bodens oder eines Seitenteils zu einem großen Trichter umfunktioniert werden können, Jammer, Detektoren für Digitalfunkgeräte, Stirnlampen, gelegentlich Gasmasken und Sturmhauben.

21. Wozu werden die einzelnen Gegenstände genutzt?

Zum Treibstoff s. o. Jammer werden eingesetzt, um zu vermeiden, dass ihm Rahmen einer Funkzellenauswertung nach der Tat die SIM-Karten aus den mitgeführten Mobiltelefonen und auch die SIM-

Karten, die herstellerseitig im Fahrzeug integriert sind, recherchierbar werden.

Detektoren für Digitalfunk werden mitgeführt, um festzustellen, ob sich in Tatortnähe Fahrzeuge (z. B. jene der Polizei) befinden, die mit Digitalfunk ausgerüstet sind. In solchen Fällen brechen die Täter ihr Vorhaben in der Regel ab und suchen nach einer Alternativ-Gelegenheit.

Stirnlampen werden aufgrund der Dunkelheit (Nachtzeit) und dem Explosionsstaub eingesetzt, um besser sehen zu können, wo Beute liegt.

Gasmasken dienen u. a. dem Schutz vor Nebel, falls bei Tatausführung eine Vernebelungsanlage der Bank ausgelöst hat.

Sturmhauben werden sowohl bei der Anfahrt als auch bei der Flucht getragen, um eine Identifizierung aufgrund von Lichtbildern aus Verkehrsüberwachungskameras zu vermeiden.

## 2.10 Bekleidung

Die Täterinnen und Täter tragen auf den oben genannten Überwachungsvideos häufig dunkle Kleidung.

22. <u>Konnten bei der Kleidung Besonderheiten festgestellt werden?</u>

Die niederländischen Täter tragen in der Regel Regenanzüge der Firma HEMA – dieses einheitliche äußere Erscheinungsbild soll eine Zuordnung eines Täters zu einer Tat erschweren, indem alle Tatbeteiligten gleich aussehen. Dazu werden Handschuhe und Sturmhauben getragen.

## 2.11 Typisches Schadensbild/-ausmaß

Anhand von öffentlich zugänglichen Video- und Bildaufnahmen lässt sich die Kraft der Explosionen erahnen. Konkretisieren Sie bitte nachfolgend die tatsächlichen Auswirkungen.

23. <u>Wie hoch sind die Schadenshöhen in und an den Gebäuden?</u>

Das BKA geht davon aus, dass der Schaden etwa dem 1,5 fachen der Beute entspricht. Für Deutschland heißt das, dass zu den 29 Millionen Beute aus dem Jahr 2022 noch einmal 45 Millionen an Schäden (Inventar und Gebäude) hinzukommen. Ich persönliche halte diese Zahl für eher konservativ geschätzt – es könnte auch deutlich mehr sein.

24. Welche weiteren Konsequenzen haben die Sprengungen beispielsweise im Hinblick auf die Statik der Gebäude?

Die Folgen können verheerend sein. Es kann perspektivisch zum Einsturz von Gebäuden kommen. In vielen Fällen sind Evakuierungen erforderlich und Anwohner können erst nach Überprüfung durch einen Statiker in ihre Wohnungen zurückkehren. Als Nebenfolge können Brände entstehen, Versorgungsleitungen in Gebäuden können zu ausströmendem Gas oder Wasser führen und dadurch die Situation zusätzlich verschlimmern.

## 2.12 Ergänzendes

Sollten Sie über die obenstehenden Fragen hinaus noch weitere, Ihrer Meinung nach wichtige Informationen haben, können Sie diese nun gerne nachfolgend aufführen.

Anwohner und Beschäftigte von Banken sind Opfer dieser kriminellen Taten. Die Verantwortung für diese Delikte tragen die Täter. Wir dürfen als Polizei NRW nichts unversucht lassen, Sprengungen von Geldautomaten in Zukunft zu verhindern und die Menschen in unserem Land vor derartigen Gefahren zu schützen.

# 3 Danksagung und weiterer Verlauf

Ich möchte mich nun noch einmal für Ihre Zeit, sowie für alle von Ihnen bereitgestellten Informationen bedanken. Wenn Sie veröffentlichungsfähige Bilder von Tatmitteln oder sonstigen Inhalten haben, können Sie mir die gerne zur Verfügung stellen. Diese kann ich dann mit in meine Bachelorthesis einbringen, um so den praxisnahen Polizeibezug zu verbessern, sowie das Aussehen von verschiedenen Tatmitteln zu verdeutlichen.

Im weiteren Verlauf meiner Thesis werde ich die Erkenntnisse aus den von Ihnen aufgeführten Antworten herausarbeiten und in meine Arbeit mit einbeziehen. Nach einer Darstellung der aktuellen Lage bzw. der aktuellen Informationen darüber, wird eine rechtliche Betrachtung folgen, in welcher die Ergebnisse aus dieser Befragung angewandt werden sollen, um dann weitergehend mögliche Vorfeldstrafbarkeiten darstellen zu können und auf die Begründung eines Anfangsverdachts gem. § 152 II StPO einzugehen.

Für Rückfragen stehe ich Ihnen selbstverständlich zur Verfügung.

Freundliche Grüße

Carlo Hersebrock

## Anhang 2.3: Einverständniserklärung

Hochschule für Polizei und öffentliche Verwaltung
Nordrhein-Westfalen

HSPV NRW, Studienort Münster, Nevinghoff 8, 48147 Münster

Christa Lübbers
Leiterin Projekt BEGAS
Ministerium des Innern des Landes NRW
Friedrichstraße 62-80
40217 Düsseldorf

Name: Carlo Hersebrock
Studium: HSPV NRW, Polizeivollzugsdienst
Standort: Münster
Jahrgang: Einstellungsjahr 2020
Kurs: MS-P-20/02

E-Mail: carlo.hersebrock@studium.hspv.nrw.de

Datum: 02.05.2023

**Regelung zum Vertrauens- und Datenschutz**

- Einverständniserklärung -

Ich erkläre mich damit einverstanden, dass die mit dieser Erklärung gemeinsam übersandte Beantwortung der schriftlichen Befragung im Rahmen der Bachelorthesis der oben genannten Person zum Thema „Strafrechtliche und strafprozessuale Analyse des Phänomens Geldausgabeautomaten-Sprengung" ausgewertet sowie der Thesis angehängt und mit dieser veröffentlicht werden darf.

Ich willige mit meiner Unterschrift ein, dass persönliche Daten von mir in Form meines Namens sowie meiner Position als Leiterin des Projekts BEGAS im Innenministerium des Landes Nordrhein-Westfalen in der Arbeit genannt und mit dieser ebenfalls veröffentlicht werden dürfen.

Meine Teilnahme an der Befragung und meine Zustimmung zur Verwendung der Daten sind freiwillig.

Ein Widerruf meiner Erklärung ist jederzeit möglich. Ich wurde darauf hingewiesen, dass durch die Veröffentlichung der Daten eine Weiterverwendung durch Dritte auch nach erfolgtem Widerruf nicht ausgeschlossen werden kann.

Düsseldorf, 2. Mai 2023
Ort, Datum

Ch. Lübbers
Unterschrift: Christa Lübbers

## Anhang 3: Recherchierte BuF-Berichte

DO Dir K KI 1 KK 14

VIVA Referenzvorgangskennung

Sachbearbeitung durch (Name, Amtsbezeichnung)

Sachbearbeitung Telefon (CN-POL) | Nebenstelle

### Beobachtungs- und Feststellungsbericht

**1. Erfassungsgrund**

| | | | |
|---|---|---|---|
| **Ereignis / Delikt** | Beobachtungs- und Feststellungsbericht | | |
| **Versuch** | Nein | **Rechtsnorm** | |

**1.1. Ereigniszeit**

| | |
|---|---|
| **Anfang** | 10.10.2021, 03:21 Uhr |
| **Tageszeit** | Nacht |

**1.2. Ereignisort**

| | | | |
|---|---|---|---|
| **Art der Ortsbezeichnung** | klassifizierte Straße | | |
| **Straße** | B 67 | | |
| **PLZ Ort / Ortsteil** | 46395 Bocholt / Biemenhorst | | |
| **Ortslage** | | **Kreis** | Bocholt |
| **Gemeindeschlüssel** | 05554008 | | |
| **Staat** | Deutschland | | |
| **Verwaltungs-/-Regierungsbezirk** | Münster | | |
| **Zuständige Dienststelle** | BOR Dir GE PW Bocholt | | |
| **Amtsgericht** | AG Bocholt | **Staatsanwaltschaft** | StA Münster Zweigstelle Bocholt |
| **Poi-/Objekt-Typ** | | | |
| **X-Koordinate** | 6,6130552 | **Y-Koordinate** | 51,8180318 |
| **RBS X** | 335482,6499727 | **RBS Y** | 5743497,2577434 |

**1.2.1. Ergänzungen zum Ort**

| | |
|---|---|
| **Örtlichkeit** | Straße |
| **Räumlichkeit** | keine Räumlichkeiten möglich |
| **Eigenname d. Örtlichkeit** | B67 |
| **Erg. zur Örtlichkeit** | mit Blick auf die aktuell bestehende Baustelle oberhalb der Dingdener Straße |
| **Lichtverhältnisse** | Dunkelheit |
| **Beleuchtung** | nicht beleuchtet |

**1.2.2. Anlass**

| | |
|---|---|
| **Anlass der Beobachtungen / Feststellungen** | Überwachung / Präsenz Geldautomatensprengung (Heat) |

**1.3. Aufnehmender Mitarbeiter**

**2. Beobachtetes Kfz**

**2.1. KFZ - Personenkraftwagen - GEL-RS**

| | |
|---|---|
| **Sachtyp** | Kfz |
| **Fahrzeugart** | Personenkraftwagen |
| **FIN** | |
| **Hersteller** | Audi |
| **Modelltyp** | A3 |

Beobachtungs- und Feststellungsbericht - | Seite 1 von 3
Ausdruck erstellt: 07.05.2023 | gedruckt: 07.05.202

DO Dir K KI 1 KK 14 - [geschwärzt]

| Farbe | schwarz | Motornummer | |
|---|---|---|---|

**2.1.1.1. KFZ - Kennzeichen**

| Art des Kennzeichen | unvolständiges Kennzeichen | Kennzeicher | GEL |
|---|---|---|---|

**3. Sachverhalt**

Beobachtungen:

Am 10.10.2021 befand sich die Streifenwagenbesatzung mit den Beamten m Einsatz "Aufklärung Geldautomatensprengung" an der Anschlussstelle B67/Dingdener Straße. Oberhalb der Dingdener Straße befindet sich derzeit eine Baustelle weshalb der Verkehr durch Verkehrsführungsmaterial verlangsamt und durch die Baustelle geführt wird. Die zulässige Höchstgeschwindigkeit ist in der Baustelle auf 30 km / h reduziert. Die Beamten hatten das Fernlicht eingeschaltet um den passierenden Verkehr besser beobachten zu können.

Gegen 03:21 Uhr näherten sich aus FR Borken kommend drei Fahrzeuge. Beim dritten Fahrzeug handelte es sich um einen Audi RS3 in einer dunklen Farbe, vermutlich schwarz. Als Kennzeichen konnte **GEL-** und drei Ziffern in unbekannter Abfolge abgelesen werden. Als dieses die Beobachtungsposition der eingesetzten Beamten passiert hatte, beschleunigte er sofort maximal und setzte seine Fahrt auf der Gegenfahrbahn der Baustelle fort, um die vor ihm fahrenden Fahrzeuge zu überholen. Die Beamten nahmen zeitgleich die Verfolgung auf und schalteten dazu das Blaulicht ein. Die Leitstelle wurde in Kenntnis gesetzt.

Die Beamten konnten das Fahrzeug bis zur Anschlussstelle B473 beobachten. Hier fuhr das Fahrzeug ab. Aufgrund der hohen Geschwindigkeit musste das Fahrzeug stark abbremsen. Dies konnten die Beamten durch die blinkenden Bremslichter (Notfallbremsung) beobachten.

Es ist unklar, ob das beobachtete Fahrzeug seine Fahrt in FR Wesel oder Bocholt fortgesetzt hat. Der Sichtkontakt brach ab. Die Beamten fuhren bis zur Anschlussstelle konnten das Fahrzeug aber nicht mehr ausmachen.

POLIZEI
Nordrhein-Westfalen
Dortmund

DO Dir K KI 1 KK 14 - [geschwärzt]

Beobachtungs- und Feststellungsbericht - [geschwärzt]
Auscruck erstellt: 07.05.2023

Seite 3 von 3
gedruckt: 07.05.202

VIE KK 2

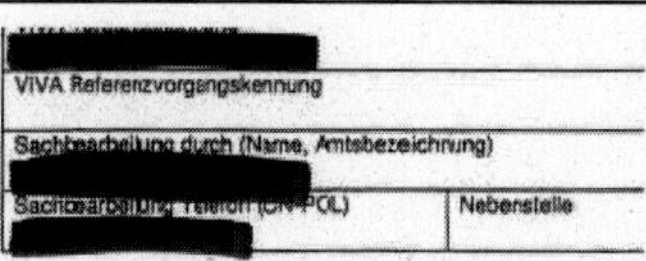


# Beobachtungs- und Feststellungsbericht

## 1. Erfassungsgrund

| | | | |
|---|---|---|---|
| **Ereignis / Delikt** | Beobachtungs- und Feststellungsbericht | | |
| **Versuch** | Nein | **Rechtsnorm** | |

### 1.1. Ereigniszeit

| | |
|---|---|
| **Anfang** | 23.10.2021, 17:15 Uhr |

### 1.2. Ereignisort

| | | | |
|---|---|---|---|
| **Art der Ortsbezeichnung** | Straße | | |
| **Straße** | Klostergasse 8 | | |
| **PLZ Ort / Ortsteil** | 41334 Nettetal / Kaldenkirchen | | |
| **Ortslage** | | **Kreis** | Nettetal |
| **Gemeindeschlüssel** | 05166016 | | |
| **Staat** | Deutschland | | |
| **Verwaltungs-/-Regierungsbezirk** | Düsseldorf | | |
| **Zuständige Dienststelle** | VIE PW Nettetal | | |
| **Amtsgericht** | AG Nettetal | **Staatsanwaltschaft** | StA Krefeld |
| **Poi-/Objekt-Typ** | | | |
| **X-Koordinate** | 6,1991944 | **Y-Koordinate** | 51,3205386 |
| **RBS X** | 304842,792 | **RBS Y** | 5689195,996 |

#### 1.2.1. Ergänzungen zum Ort

| | |
|---|---|
| **Örtlichkeit** | Geldinstitut/ Bank / Sparkasse |
| **Eigenname d. Örtlichkeit** | Volksbank Krefeld - Kaldenkirchen |

#### 1.2.2. Anlass

| | |
|---|---|
| **Anlass der Beobachtungen / Feststellungen** | Hochmotorisierter Pkw im Bereich einer Bankfiliale in Nettetal-Kaldenkirchen |

### 1.3. Aufnehmender Mitarbeiter

## 2. Betroffener

### 2.1. Unbekannte Person

#### 2.1.1. Personenbeschreibung

| | |
|---|---|
| **Zeitpunkt der Altersschätzung** | 23.10.2021 20:23:03 |
| **scheinbares Geschlecht** | männlich |
| **Bezugsdatum (Alter)** | 23.10.2021 |

### 2.2. Unbekannte Person

#### 2.2.1. Personenbeschreibung

| | |
|---|---|
| **Zeitpunkt der Altersschätzung** | 23.10.2021 20:23:03 |

Beobachtungs- und Feststellungsbericht - ████ Seite 1 von 3
Ausdruck erstellt: 07.05.2023 gedruckt 07.05.202

VIE KK 2 - [redacted]

| | | | |
|---|---|---|---|
| **scheinbares Geschlecht** | männlich | | |
| **Bezugsdatum (Alter)** | 23.10.2021 | | |

## 3. Beobachtetes Kfz

### 3.1. KFZ - Personenkraftwagen - L990LL

| | | | |
|---|---|---|---|
| **Sachtyp** | Kfz | | |
| **Fahrzeugart** | Personenkraftwagen | | |
| **FIN** | [redacted] | | |
| **Hersteller** | VW | | |
| **Modelltyp** | GOLF | | |
| **Tag der Erstzulassung** | [redacted] | **Kurzz. d. Zulass.-landes** | |
| **Farbe** | schwarz | **Motornummer** | |

### 3.1.1.1. KFZ - Kennzeichen

| | | | |
|---|---|---|---|
| **Art des Kennzeichen** | ausländisches Kennzeichen | **Kennzeichen** | [redacted] |

### 3.1.2. Mehr zu KFZ-Kennzeichen

### 3.1.2.1. KFZ-Kennzeichen

| | | | |
|---|---|---|---|
| **Aussteller** | | **Ausstellungsland** | Niederlande |
| **Ausstellungsdatum/-jahr** | [redacted] | | |
| **Farbe** | gelb | **Gültigkeit** | |

## 4. Sachverhalt

Am 23.10.2021, gegen 17:40 Uhr, erhielt die Streifenwagenbesatzung [redacted] den Einsatz zur **Klostergasse 8 in Nettetal, dortige Volksbankfiliale** zu fahren.

**Einsatzanlass:** Verdächtiges Fahrzeug

Durch die Einsatzleitstelle wurde mitgeteilt, dass die Hinweisgeberin den Pkw mit dem niederländischen Kennzeichen [redacted] im unmittelbaren Bereich der genannten Bankfiliale beobachtet habe. Bei dem Pkw hätte es sich um einen VW Golf GTI in schwarz gehandelt. Zu dem Pkw hätten zwei nicht näher beschriebene männliche Personen gehört, welche sich auffällig und verdächtig im Bereich der Bank umgeschaut haben. Als die Hinweisgeberin mit ihrem Mobiltelefon ein Lichtbild des Fahrzeugs habe machen wollen, seien die beiden Personen fluchtartig in den Pkw gestiegen und hätten die Klostergasse in Richtung Marktplatz verlassen.

Beobachtungs- und Feststellungsbericht - [redacted] Seite 2 von 3
Ausdruck erstellt: 07.05.2023 gedruckt: 07.05.202

VIE KK 2 -

Eine Abfrage des niederländischen Kennzeichens ergab, dass dieses auf folgendes Fahrzeug zugelassen ist:

Personenkraftwagen
**VW GOLF (GTI),**
schwarz
ausländisches Kennzeichen:

Halter:

1992 in Venlo
Whft.
Venlo, Niederlande

Person und Kennzeichen sind in Deutschland bislang nicht polizeilich bekannt.

Im Rahmen einer Nahbereichsfahndung konnte der Pkw nicht mehr angetroffen werden, an der Volksbankfiliale konnten keine weiteren verdächtigen Feststellungen gemacht werden.

Aufgrund eines möglichen Zusammenhangs mit Geldautomatensprengungen wurde ein Bericht gefertigt.

Beobachtungs- und Feststellungsbericht -
Ausdruck erstellt: 07.05.2023

Seite 3 von 3
gedruckt: 07.05.202

HS Dir K KK 2

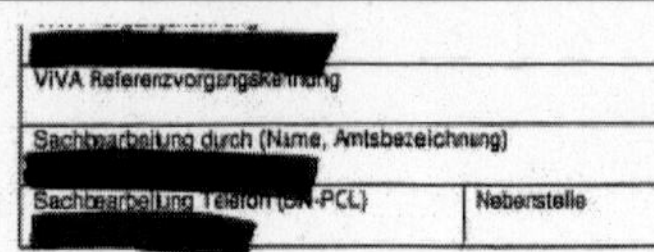

VIVA Referenzvorgangskennung

Sachbearbeitung durch (Name, Amtsbezeichnung)

Sachbearbeitung Telefon (BN-PCL) | Nebenstelle

# Beobachtungs- und Feststellungsbericht

## 1. Erfassungsgrund

| | | | |
|---|---|---|---|
| Ereignis / Delikt | Beobachtungs- und Feststellungsbericht | | |
| Versuch | Nein | Rechtsnorm | |

### 1.1. Ereigniszeit

| | |
|---|---|
| Anfang | 09.02.2022, 12:00 Uhr |

### 1.2. Ereignisort

| | | | |
|---|---|---|---|
| Art der Ortsbezeichnung | Straße | | |
| Straße | Sittarder Straße 12 | | |
| PLZ Ort / Ortsteil | 52538 Selfkant / Tüddern | | |
| Ortslage | | Kreis | Selfkant |
| Gemeindeschlüssel | 05370024 | | |
| Staat | Deutschland | | |
| Verwaltungs-/-Regierungsbezirk | Köln | | |
| Zuständige Dienststelle | HS Direktion GE | | |
| Amtsgericht | AG Heinsberg | Staatsanwaltschaft | StA Aachen |
| Pol-/Objekt-Typ | | | |
| X-Koordinate | 5,901297 | Y-Koordinate | 51,0142044 |
| RBS X | 282653,673 | RBS Y | 5655974,934 |

### 1.2.1. Ergänzungen zum Ort

| | |
|---|---|
| Örtlichkeit | Tankstelle |
| Eigenname d. Örtlichkeit | Shell Tankstelle Tüddern |

### 1.2.2. Anlass

**Anlass der Beobachtungen / Feststellungen**

Der ZEG beobachtet einen grauen Audi RS6 in Tüddern an der Shell-Tankstelle, welcher zunächst auf das Tankstellengelände fahren wollte. Anschließend jedoch mit hoher Geschwindigkeit weitergefahren ist. In unmittelbarer Nähe befinden sich die Kreissparkasse und die Volksbank. Der Pkw war mit zwei Personen besetzt. Ein Kennzeichen konnte der ZEG nicht ablesen.

Der ZEG kann die Personen wie folgt beschreiben:

- männlich
- nordafrikanisches Aussehen

**Mitgeführte Gegenstände** Pkw Audi RS6

### 1.3. Aufnehmender Mitarbeiter

## 2. Beobachtetes Kfz

### 2.1. KFZ - Personenkraftwagen - Kfz

| | |
|---|---|
| Sachtyp | Kfz |
| Fahrzeugart | Personenkraftwagen |

Beobachtungs- und Feststellungsbericht - [geschwärzt] Seite 1 von 3
Ausdruck erstellt: 07.05.2023 gedruckt: 07.05.202

HS Dir K KK 2 -

| | | | |
|---|---|---|---|
| **FIN** | | | |
| **Hersteller** | Audi | | |
| **Modelltyp** | A6 | | |
| **Tag der Erstzulassung** | | **Kurzz. d. Zulass.-landes** | D |
| **Farbe** | grau | **Motornummer** | |

**2.1.1.1. KFZ - Kennzeichen**

| | | | |
|---|---|---|---|
| **Art des Kennzeichen** | amtliches Kennzeichen | **Kennzeichen** | |

**2.1.2. Mehr zu KFZ-Kennzeichen**

**2.1.2.1. KFZ-Kennzeichen**

| | | | |
|---|---|---|---|
| **Aussteller** | | **Ausstellungsland** | Deutschland |

## 3. Sachverhalt

Am Donnerstag, den 10.02.2022, gegen 13:20 Uhr meldete sich der ZEG (Zeuge) fernmündlich auf der PW Heinsberg und gab an, dass er am gestrigen Tag eine Beobachtung hinsichtlich einer möglichen GAA-Sprengung gemacht hat.

Der ZEG gab an, dass er am Mittwoch, den 09.02.2022, gegen 12:00 Uhr mit seinem Pkw im Bereich der Shell-Tankstelle (Sittarder Straße 52538 Selfkant-Tüddern) abbiegen wollte. Hierbei fiel dem ZEG ein Pkw Audi RS6, Farbe grau, auf, welcher augenscheinlich auf das Tankstellengelände fahren wollte. Dieses Abbiegen auf das Tankstellengelände brach der Pkw jedoch ab und fuhr mit hoher Geschwindigkeit weiter auf der Sittarder Straße.
Dieses Fahrmanöver kam dem ZEG komisch vor.

Der Pkw war mit zwei Personen besetzt.
Diese können wie folgt beschrieben werden:

- männlich
- nordafrikanisches Aussehen

Eine nähere Beschreibung der Personen war nicht möglich.
Das Kennzeichen konnte der ZEG ebenfalls nicht ablesen.

Er gab lediglich an, dass in der Nähe der Shell-Tankstelle die Kreissparkasse (Sittarder Straße 31) und die Volksbank (Neustraße 22) befindet.
Aufgrund des Aussehens der Personen, des Pkw und des Fahrverhaltens könnte dieser Pkw im Zusammenhang von GAA-Sprengungen stehen.

Beobachtungs- und Feststellungsbericht - | Seite 2 von 3
Ausdruck erstellt: 07.05.2023 | gedruckt: 07.05.202

POLIZEI
Nordrhein-Westfalen
Kreis Heinsberg

HS Dir K KK 2 -

Beobachtungs- und Feststellungsbericht -
Ausdruck erstellt: 07.05.2023

Seite 3 von 3
gedruckt: 07.05.202

HSK KK 3

VIVA Referenzvorgangskennung

Sachbearbeitung durch (Name, Amtsbezeichnung)

Sachbearbeitung Telefon (CN-POL) | Nebenstelle

# Beobachtungs- und Feststellungsbericht

## 1. Erfassungsgrund

| | | | |
|---|---|---|---|
| **Ereignis / Delikt** | Beobachtungs- und Feststellungsbericht | | |
| **Versuch** | Nein | **Rechtsnorm** | |

### 1.1. Ereigniszeit

| | |
|---|---|
| **Anfang** | 17.02.2022, 08:00 Uhr |

### 1.2. Ereignisort

| | | | |
|---|---|---|---|
| **Art der Ortsbezeichnung** | Straße | | |
| **Straße** | Dalheimer Straße 85 | | |
| **PLZ Ort / Ortsteil** | 34431 Marsberg / Meerhof | | |
| **Ortslage** | | **Kreis** | Marsberg |
| **Gemeindeschlüssel** | 05958024 | | |
| **Staat** | Deutschland | | |
| **Verwaltungs-/-Regierungsbezirk** | Arnsberg | | |
| **Zuständige Dienststelle** | HSK LR Hochsauerlandkreis | | |
| **Amtsgericht** | AG Marsberg | **Staatsanwaltschaft** | StA Arnsberg |
| **Pol-/Objekt-Typ** | | | |
| **X-Koordinate** | 8,8413962 | **Y-Koordinate** | 51,5361051 |
| **RBS X** | 488999,578 | **RBS Y** | 5709456,468 |

#### 1.2.1. Ergänzungen zum Ort

| | |
|---|---|
| **Örtlichkeit** | Waldgebiet |
| **Erg. zur Örtlichkeit** | unbefestigter Wirtschaftsweg entlang eines Waldstücks in Weiterführung der Zufahrt zur Anschrift Dalheimer Straße 85 |
| **Lichtverhältnisse** | Dunkelheit |

#### 1.2.2. Anlass

| | |
|---|---|
| **Anlass der Beobachtungen / Feststellungen** | |

### 1.3. Aufnehmender Mitarbeiter

## 2. Beobachtetes Kfz

### 2.1. KFZ - Personenkraftwagen - G-755-BK

| | | | |
|---|---|---|---|
| **Sachtyp** | Kfz | | |
| **Fahrzeugart** | Personenkraftwagen | | |
| **FIN** | | | |
| **Hersteller** | Audi | | |
| **Modelltyp** | A6 | | |
| **Tag der Erstzulassung** | | **Kurzz. d. Zulass.-landes** | |
| **Farbe** | schwarz | **Motornummer** | |

HSK KK 3 -

**2.1.1.1. KFZ - Kennzeichen**

| | | | |
|---|---|---|---|
| **Art des Kennzeichen** | ausländisches Kennzeichen | **Kennzeichen** | |

**2.1.2. Mehr zu KFZ-Kennzeichen**

**2.1.2.1. KFZ-Kennzeichen**

| | | | |
|---|---|---|---|
| **Aussteller** | | **Ausstellungsland** | Niederlande |
| **Farbe** | gelb | **Gültigkeit** | |
| **Farbe der Schrift** | schwarz | **Besond. der Schrift** | |

**2.1.2.2. Beschädigungen**

| | |
|---|---|
| **Art des Schadens** | keine sichtbaren Schäden erkennbar, PKW von außen komplett und von innen in Teilbereichen verdreckt |

## 3. Sachverhalt

1. Allgemeines:

Am Donnerstag, dem 17.02.22 gg. 18.14 Uhr, wurde die Funkstreifenbesatzung von der hiesigen Einsatzleitstelle zur Anschrift Dalheimer Straße 85 in Marsberg-Meerhof entsandt. Bei der Örtlichkeit handelt es sich um ein landwirtschaftliches Gehöft in Alleinlage. Von dort aus hatte zuvor der Zeuge 01 fernmündlich die Polizei über ein, seiner Ansicht nach, verdächtiges Fahrzeug in Sachkenntnis gesetzt, welches bereits seit dem heutigen Vormittag an einem Waldweg abgestellt war. Diesen Weg konnte der Zeuge / Mitteiler von seiner Wohnimmobilie aus sichten.

1.1 Eintreffsituation:

Da die Abstellörtlichkeit des o. a. PKW durch den Melder telefonisch zunächst nicht konkretisiert werden konnte, nahmen die o. a. Beamten bei der Anfahrt zur Anschrift des Zeugen bereits, von der Dalheimer Straße (L817) abgehende, Wirtschaftswege in Augenschein. Dabei konnten keine Feststellungen getroffen werden. Daher wurde sodann der Zeuge aufgesucht und nach entsprechender Belehrung zum Sachverhalt befragt.

1.2 Beschreibung der Abstellörtlichkeit (Makro- und Mikrobereich) des, als verdächtig gemeldeten, Fahrzeugs / erste Fahrzeugfeststellung durch die pol. Kräfte

Von der Dalheimer Straße aus gesehen, befinden sich hinter dem landwirtschaftlichen Anwesen des Zeugen zunächst bewirtschaftete Weiden. Daran schließt sich ein größeres Waldstück an. Zwischen

Beobachtungs- und Feststellungsbericht - | Seite 2 von 7
Ausdruck erstellt: 07.05.2023 | gedruckt: 07.05.202

HSK KK 3 -

dem Weiden-/und Waldbereich ist ein unbefestigter Wirtschaftsweg angelegt, der über keine konkrete geographische oder namentliche Zuordnung verfügt. Diesen Winschaftsweg kann man über zwei Zufahrten erreichen. In Richtung der nahegelegenen BAB (Auffahrt ca. 500m entfernt) gesehen, führt sowohl ein asphaltierter Weg von der L817 vor der Zeugenadresse zur Örtlichkeit, als auch in Weiterführung von dessen Grundstückszuwegung aus (jeweilige Distanz ca. 600m). An dieser weiterführenden Strecke liegt nach ca. 500m linksseitig eine verschließbare, größere Holzhütte, die dem örtlichen Wanderverein zuzuordnen sein soll. Dort sind im Außenbereich auch Bänke und Tische fest im Erdreich installiert. Von der Hütte aus verläuft dann rechtsseitig der benannte Wirtschaftsweg.

Nachdem von dem Mitteiler die hier aufgeführte Konkretisierung erhalten hatten, suchten die Beamten den beschriebenen Wirtschaftsweg über das Zeugenanwesen auf und befuhren den Weg. Der Untergrund zeigte sich dabei matschig und seifig und war aufgrund der nassen Witterung der letzten Tage in schwer befahrbarem Zustand. Nach ca. 200m Fahrtstrecke erstreckte sich über die komplette Wegbreite ein umgestürzter Baum, der ursprünglich rechtsseitig verwurzelt war. Somit war die Weiterfahrt nicht mehr möglich.

Daher legten die Beamten die weitere Wegstrecke dann zu Fuß zurück. Nach wiederum ca. 200m konnten im Schein der eingesetzten dienstlichen Taschenlampen zunächst Fragmente eines reflektierenden Fahrzeugkennzeichens erkannt werden. Bei der weiteren Annäherung war ein dunkler PKW des Herstellers Audi in der Kombiausführung Avant mit angebrachtem hinteren, niederländischen Kennzeichen festzustellen.

Aufgrund der aktuellen Deliktshäufung im Bereich der GAA Sprengungen auch im hiesigen Bereich und den bisherigen fahndungsspezifischen Merkmalen eingesetzter Fluchtfahrzeuge (hochmotorisierte PKW der Marke Audi / Täterklientel überwiegend aus den Niederlanden eingereist) ließ sich hier ein direkter Zusammenhang nicht ausschließen.

Daher zogen sich aus Gründen der Eigensicherung zunächst taktisch zurück, da ebenfalls nicht auszuschließen war, dass sich eine mögliche Tätergruppierung noch in diesem Fahrzeug oder im Nahbereich aufhält. Vorliegende starke Windböen erschwerten zudem die Kommunikation per Funk und Telefon.

2. subjektive Gliederung:

2.1 Einlassungen des Zeugen 01:

Die Person gab an, am heutigen Vormittag gegen 11.00 Uhr bei der Ausschau aus einem Fenster des Wohnhauses optisch einen dunkelfarbigen PKW an dem, im Sichtbereich gelegenen o. a. Wirtschaftsweg, ausgemacht zu haben.

HSK KK 3 -

Da der Zeuge annahm, dass sich dort evtl. Wanderer mit einem Fahrzeug festgefahren haben könnten, was lt. Zeugenaussage an der Örtlichkeit wohl öfter vorgekommen ist, schenkte die Person der Beobachtung in den Folgestunden keine weitere Beachtung. Dass sich dieses Fahrzeug gegen 18.00 Uhr jedoch immer noch scheinbar unbewegt dort befand, machte den Zeugen stutzig, da er nun davon ausging, dass eine Person aus der Umgebung evtl. ihn (Zeugen) zwecks Abschleppung des Fahrzeugs mit einem Traktor oder auch andere Dritte zwecks einer solchen Maßnahme kontaktiert hätte. Daher erfolgte dann die telefonische Informationsweitergabe an die Polizei.
In einem, zwecks einer Nachfrage, geführten Telefonat von Unterzeichner mit dem Zeugen gg. 21.10 Uhr, ergänzte dieser nunmehr seine bisherige Aussage dahingehend, dass auch bereits seine Ehefrau (Zeugin 02) das Fahrzeug vom Wohnanwesen aus festgestellt hatte und zwar am heutigen Vormittag gegen 08.30 Uhr. Inssassen oder Personen, die sich am Fahrzeug oder in dessen Umfeld befanden, konnten nicht beobachtet werden.

2.2 weiterer Sachverhalt / Maßnahmenfortsetzung / weitere Beschreibung des verdächtigen Fahrzeugs:

Parallel zur benannten taktischen Rückzugsmaßnahme informierte telefonisch die hiesige Einsatzleitstelle und erteilte Sachvortrag. Von dort aus wurde unmittelbar ein weiteres Einsatzfahrzeug zur Örtlichkeit berufen. Beim Erwarten dieser Unterstützungskräfte fiel r auf, dass ein beleuchtetes Fahrzeug in optischer PKW Größe in ca. 500m Entfernung in einen weiteren Feldweg, der in ähnlicher Richtung wie der am pol. Warteort verlief einbog und etwa 60 Sekunden still stand. Im Anschluß setzte das Fahrzeug rückwärts auf die L817 (Dalheimer Straße) zurück und fuhr dann zur nahegelegenen BAB Auffahrt in Richtung Bielefeld. Ob zwischen dieser Beobachtung und dem vorliegenden Sachverhalt ein Zusammenhang besteht, ist derzeit ungeklärt. Ein Nachfahren mit dem pol. Dienstfahrzeug, um den beobachteten PKW einer Kontrolle unterziehen zu können verlief negativ. Der optischen Form der Rücklichter des Fahrzeugs nach (Schmetterlingsform), könnte es sich um einen PKW Mercedes-Benz C- oder CLA Klasse gehandelt haben. Nach Eintreffen der weiteren o. a. Kräfte suchten alle eingesetzten Beamten unter Einhaltung besonderer Eigensicherungsmaßnahmen das abgestellte Fahrzeug auf. In, bzw. am PKW konnten keine Personen festgestellt werden.
Es wurde erkannt, dass es sich bei dem PKW um einen Audi Avant der Baureihe A6 handelte, der eine schwarze Lackfarbe sowie den Zusatz "Quattro" aufwies. Der Wagen war mit niederländischen (EU Kennzeichnung), optisch amtlichen, Kennzeichen versehen, welche die Kombination zeigten. Das Fahrzeug war augenscheinlich, in ehemaliger Fahrtrichtung gesehen, nach rechts in einen unbefestigten Graben gerutscht und hatte daher eine nicht symmetrische Endposition (rechte

HSK KK 3 -[redacted]-[redacted]

Fahrzeugseite im Graben befindlich / linke Fahrzeugseite noch auf der Fahrspur). Optisch wies der Wagen keine Beschädigungen auf, jedoch starke äußerliche Verschmutzungen, die vermutlich durch Versuche, das Fahrzeug aus dem Graben herauszufahren durch dabei aufgewühltes nasses Erdreich entstanden. Am Fahrzeugheck lagen auf dem Boden verschiedene längere Hölzer, die ursprünglich als Zaunpfähle einer Wiese verwendet fanden, nun aber offensichtlich als mögliche rückwärtige Anfahrhilfe genutzt wurden. Im Innenraum des Fahrzeugs fiel auf, dass das Lenkrad ebenfalls erheblich verschmutzt war, was man darauf zurückführen könnte, dass ein Fahrzeugführer oder Mitfahrer auch manuell versuchte, den Wagen wieder in die Fahrspur zu bringen, sich dabei beschmutzte und diesen Schmutz bei Lenkbewegungen übertrug. Weitere relevante Gegenstände oder Veränderungen des Innenraumes wurden nicht festgestellt, eine solche Begutachtung war aufgrund der Dunkelheit nur erschwert möglich.
Der PKW Audi wurde spurenschonend auf den Verschlusszustand überprüft und zeigte sich komplett verschlossen. Ein, vermutlich vom Fahrzeug selbst stammender, sog. Abschlepphaken war vorne in der entsprechenden Öffnung eingeschraubt.

2.3 finale polizeiliche Maßnahmen der vor Ort anwesenden Kräfte:

Die vor Ort erzielten Feststellungsergebnisse wurden der hiesigen Einsatzleitstelle mitgeteilt. Eine Abfrage der polizeilichen Recherchesysteme bezüglich des angebrachten Kennzeichens ergab, dass dieses für einen PKW Audi RS6 Avant, [redacted] in den Niederlanden ausgegeben war und aktuell nicht zur Fahndung einlag. Bei dem Fahrzeughalter handelte es sich demnach um den

[redacted]

whft.: [redacted] Zeist / Niederlande

Diese Person wies, den Informationen vor Ort zufolge, ebenfalls keine bisherigen polizeilichen Erkenntnisse auf. Die amtliche Umschreibung des Fahrzeugs auf den jetzigen Halter erfolgte am [redacted]

Die deliktisch involvierte Ermittlungskommision "Heat" wurde durch die Einsatzleitstelle telefonisch in Sachkenntnis gesetzt. Weiter wurde entschieden, das Fahrzeug zunächst im weiteren zeitlicher Verlauf in unregelmäßigen Abständen unter Einhaltung der Eigensicherung zu beobachten. Diese Anweisung wurde an die, in puncto Dienstzeit, nachrückenden Kräfte übergeben.
Die Örtlichkeit wurde daher gegen 20.30 Uhr von den benannten Einsatzbeamten verlassen.

Beobachtungs- und Feststellungsbericht [redacted] Seite 5 von 7
Ausdruck erstellt: 07.05.2023 gedruckt: 07.05.202

HSK KK 3 -

suchten dann unverzüglich den in räumlicher Nähe zum Abstellort befindlichen GAA der Volksbank im Ortskern von Meerhof auf (ca. 1000m von der Einsatzörtlichkeit entfernt), um diesen einer Überprüfung hinsichtlich evtl. bereits stattgefundener Vorbereitungshandlungen für eine mögliche Aufsprengung oder anderen verdächtigen Wahrnehmungen zu unterziehen. Diese Überprüfung verlief negativ. Da der hier relevante GAA, bzw. der zur Nutzung zu betretene Vorraum der Bankfiliale, dienstlichen Überprüfungen der letzten Tage und Nächte zufolge, im 24/7 Rhythmus zugänglich ist, rege im Anschluß bei der Einsatzleitstelle fernmündlich eine ab sofort eintretende Zutrittssperrung zur Nachtzeit an, um evtl. hier vorbereitete Tathandlungen nicht zu einem erfolgreichen Abschluß kommen zu lassen.

Die Einsatzlage wurde im Rahmen der Dienstübergabe an den folgenden Nachtdienst übertragen.

2.4 subjektive Betrachtung des Sachverhaltes im Hinblick auf mögliche Straftaten des Deliktsfeldes GAA Sprengung:

Das hier vorliegende verdächtige Fahrzeug Audi RS6 weist eine PS Zahl von ca. 560 auf. Ähnliche PKW wurden zurückliegend bereits bei identischen Tatbegehungen benutzt und passen somit in ein entsprechendes Raster. Ebenfalls ist eine absolut räumliche Nähe des festgestellten Abstellortes zu dem nächstgelegenen GAA in der Ortsmitte Meerhof, welcher scheinbar nach wie vor auch nachts offiziell genutzt werden kann, sowie der BAB als möglicher Fluchtrichtung vorhanden. Ein mögliches weiteres Indiz einer geplanten Straftat unter Nutzung des o. a. PKW Audi ist der Umstand, dass sich das Fahrzeug bei der Erstellung dieses Berichtes seit mind. 14 Stunden vor Ort befand, ohne dass sich ein möglicher Berechtigter um eine Bergung gekümmert hätte. Dieses erscheint aufgrund des sehr hohen Neuwagenwertes des Fahrzeugs (mind. 127.000 Euro) abnorm, da man davon ausgehen dürfte, dass der Besitzer ein besonderes Interesse an der Eigentumssicherung hätte. Anzumerken ist auch, dass die Abstellzeit des Wagens bereits auch deutlich vor 08.00 Uhr (Feststellzeit der Zeugin 02) gelegen haben könnte, da aufgrund erheblicher Windböen in der Nacht, der oben beschriebene Baum bereits im Zeitraum 03.00 Uhr bis 06.00 Uhr auf die Fahrspur gestürzt sein könnte. Der Logik folgend, muss der PKW Audi aber schon vor dem Baumsturz den Bereich des Weges befahren haben. Ein rückwärtiges Fahren in die Endposition von der zweiten Zufahrt aus, erscheint unwahrscheinlich. Warum ein vermutlich ortsfremder Fahrzeugführer trotz der gestrigen Unwetterwarnung zur Nachtzeit einen unbefestigten Weg in einem Waldgebiet befuhr, erscheint fraglich und könnte ggfls. auch auf ein mögliches Ausbaldowern einer Tatörtlichkeit oder ein taktisches Abwarten am Ort hindeuten.

Beobachtungs- und Feststellungsbericht -
Ausdruck erstellt: 07.05.2023

Seite 6 von 7
gedruckt: 07.05.2023

POLIZEI
Nordrhein-Westfalen
Hochsauerlandkreis

HSK KK 3 -

Weitere Ermittlungen zum Sachverhalt scheinen geboten.

Beobachtungs- und Feststellungsbericht - Seite 7 von 7
Ausdruck erstellt: 07.05.2023 gedruckt: 07.05.202

AC KI 1 - KK 14

# Beobachtungs- und Feststellungsbericht

## 1. Erfassungsgrund

| | | | |
|---|---|---|---|
| **Ereignis / Delikt** | Beobachtungs- und Feststellungsbericht | | |
| **Versuch** | Nein | **Rechtsnorm** | |

### 1.1. Ereigniszeit

| | |
|---|---|
| **Anfang** | 29.05.2022, 03:22 Uhr |
| **Ende** | 29.05.2022, 04:33 Uhr |
| **Tageszeit** | Nacht |

### 1.2. Ereignisort

| | | | |
|---|---|---|---|
| **Art der Ortsbezeichnung** | klassifizierte Straße | | |
| **Straße** | B 258 | | |
| **PLZ Ort / Ortsteil** | 52156 Monschau / Höfen | | |
| **Ortslage** | | **Kreis** | Monschau |
| **Gemeindeschlüssel** | 05334020 | | |
| **Staat** | Deutschland | | |
| **Verwaltungs-/-Regierungsbezirk** | Köln | | |
| **Zuständige Dienststelle** | AC PI 2 - FW Süd | | |
| **Amtsgericht** | AG Monschau | **Staatsanwaltschaft** | StA Aachen |
| **Pol-/Objekt-Typ** | | | |
| **X-Koordinate** | 6,2726271 | **Y-Koordinate** | 50,5297709 |
| **RBS X** | 306707,3813084 | **RBS Y** | 5601088,3697169 |

#### 1.2.1. Ergänzungen zum Ort

| | |
|---|---|
| **Örtlichkeit** | Bundesstraße |
| **Erg. zur Örtlichkeit** | B258 / K26 in 52156 Monschau |

#### 1.2.2. Anlass

| | |
|---|---|
| **Anlass der Beobachtungen / Feststellungen** | Fahndung nach Geldautomatensprengungen in Rheinland-Pfalz. Aufgrund von GPS-Ortung konkrete Hinweise, dass das Täterfahrzeug den Zuständigkeitsbereich der KPB Aachen durchfährt. |

### 1.3. Aufnehmender Mitarbeiter

## 2. Beobachtetes Kfz

### 2.1. KFZ - Personenkraftwagen - Kfz

| | | | |
|---|---|---|---|
| **Sachtyp** | Kfz | | |
| **Fahrzeugart** | Personenkraftwagen | | |
| **FIN** | | | |
| **Hersteller** | Audi | | |
| **Modelltyp** | RS3 Sportback | | |
| **Farbe** | schwarz | **Motornummer** | |

## 3. Sachverhalt

Beobachtungs- und Feststellungsbericht - Seite 1 von 3
Ausdruck erstellt: 07.05.2023 gedruckt: 07.05.202

AC KI 1 - KK 14 [geschwärzt]

Am 29.05.2022 ab 03:22 Uhr fahndeten der [geschwärzt] im Bereich der Eifel im Zuständigkeitsbereich der PW Süd des PP Aachen.

**Vorausgegangene Information:**

Durch einen Info-Einsatz der Leitstelle erhielten die Beamten Kenntnis von einem möglichen Fluchtfahrzeug (Audi RS3 Sportback, schwarz) nach Geldautomatensprengungen in Rheinland-Pfalz.

Aufgrund einer durchgehenden Standortermittlung des Täterfahrzeugs und Protokollierung des Standortes in den Info-Einsatz ergab sich frühzeitig der Verdacht, dass das Fahrzeug auf der Flucht möglicherweise den Zuständigkeitsbereich des PP Aachen (Eifelbereich PW Süd) durchqueren könnte.

Dementsprechend wurden frühzeitig durch den [geschwärzt] Fahndungsmaßnahmen im Eifelbereich initiiert und koordiniert.

Gegen [geschwärzt] wurden die Fahndungsmaßnahmen eingestellt, da anhand des Info-Einsatzes die Erkenntnis vorlag, dass das Täterfahrzeug die Staatsgrenze nach Belgien passiert habe.

Gegen [geschwärzt] erhielt der [geschwärzt] von der Leitstelle [geschwärzt] den Auftrag auf die B258 bei Höfen aufzufahren und im Grenzbereich zu Belgien die Einmündung B258 / Rocherather Straße am Parkplatz Wahlerscheid zu verposten. Hintergründe der Auftragslage wurden auch auf konkrete Nachfrage nicht genannt.

Gegen 04:11 Uhr befuhr der [geschwärzt]s Rohren kommend die K26 in Fahrtrichtung B258, um dort nach links in Richtung Parkplatz Wahlerscheid abzubiegen.

Als die Beamten an der Einmündung standen, näherte sich von links (vom Parkplatz Wahlerscheid kommend) auf der B258 ein schwarzer Audi RS3 Sportback mit stark überhöhter Geschwindigkeit. An der Einmündung bremste der Audi leicht ab und bog weiterhin mit stark überhöhter Geschwindigkeit nach rechts auf die K26 in Fahrtrichtung Rohren ab.

Die Beamten wendeten den Streifenwagen sofort und meldeten eine Verfolgungsfahrt unter Inanspruchnahme von Sonder- und Wegerechten bei der Leitstelle an.

Beobachtungs- und Feststellungsbericht - [geschwärzt] Seite 2 von 3
Ausdruck erstellt: 07.05.2023 gedruckt: 07.05.202

AC KI 1 - KK 14 - [geschwärzt]

Noch vor dem Ortseingang Rohren ging der Sichtkontakt zum Audi verloren. Der Ortseingang Rohren wurde von den Beamten mit etwa 90 km / h passiert.
Ein Kennzeichen konnte zu keinem Zeitpunkt abgelesen werden.

Die Beamten folgten der K26 durch Rohren bis zur Ortslage Widdau. Ein Sichtkontakt zum Täterfahrzeug konnte zu keinem Zeitpunkt mehr hergestellt werden.
Weitere Einsatzmittel wurden erneut in den Grenzbereich Höfen / Kalterherberg / Roetgen koordiniert.

eilte die Leitstelle den Beamten mit, dass das Täterfahrzeug über die B258 durch Höfen und Monschau und letztendlich über die Eupener Straße durch Mützenich das deutsche Staatsgebiet in Fahrtrichtung Eupen (Belgien) verlassen habe. Anschließend sollten jegliche Fahndungsmaßnahmen sofort eingestellt werden.

Im Nachgang stellte sich bei Betrachtung des Info-Einsatzes heraus, dass das Täterfahrzeug während der Verfolgung durch noch in der Ortslage Rohren über den Widdauer Weg und den Kuckweg wendete, um wieder über die B258 durch Höfen zu fahren.

Der Info-Einsatz liegt dem Vorgang bei.

Beobachtungs- und Feststellungsbericht -
Ausdruck erstellt: 07.05.2023

Seite 3 von 3
gedruckt: 07.05.202

RE Dir K KK 14

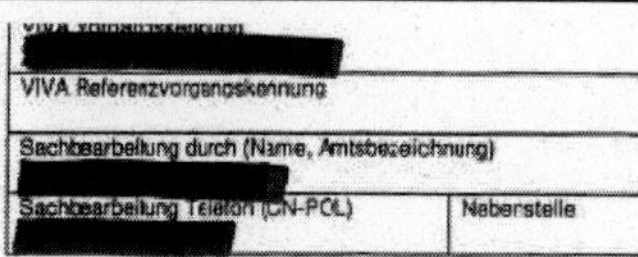

VIVA Referenzvorgangskennung

Sachbearbeitung durch (Name, Amtsbezeichnung)

Sachbearbeitung Telefon (CN-POL) | Nebenstelle

## Beobachtungs- und Feststellungsbericht

### 1. Erfassungsgrund

| | | | |
|---|---|---|---|
| **Ereignis / Delikt** | Beobachtungs- und Feststellungsbericht | | |
| **Versuch** | Nein | **Rechtsnorm** | |

### 1.1. Ereigniszeit

| | |
|---|---|
| **Anfang** | 31.05.2022, 22:30 Uhr |
| **Ende** | 31.05.2022, 22:45 Uhr |
| **Tageszeit** | Nacht |

### 1.2. Ereignisort

| | | | |
|---|---|---|---|
| **Art der Ortsbezeichnung** | Kreuzung / Einmündung | | |
| **Straße** | Am Eckholtshof | | |
| **Straße 2** | Pestalozzistraße | | |
| **PLZ Ort / Ortsteil** | 46236 Bottrop / Stadtmitte | | |
| **Gemeindeschlüssel** | 05512000 | | |
| **Staat** | Deutschland | | |
| **Verwaltungs-/-Regierungsbezirk** | Münster | | |
| **Zuständige Dienststelle** | RE Dir GE PI 1 (Westi | | |
| **Amtsgericht** | AG Bottrop | **Staatsanwaltschaft** | StA Essen |
| **Pol-/Objekt-Typ** | | | |
| **X-Koordinate** | 6,9206515 | **Y-Koordinate** | 51.5279148 |
| **RBS X** | 356386,282 | **RBS Y** | 5710565,488 |

### 1.2.1. Anlass

| | |
|---|---|
| **Anlass der Beobachtungen / Feststellungen** | Die Anwohnerin ging mit ihrem Hund spazieren, als er auf einmal knurrte und eine Person hinter einem Auto hervor kam und weg ging. Als die Zeugin im Haus war, welches sich sofort an der Tatörtlichkeit befindet, sah sie, wie die beiden Männer wieder zurück zu dem Fahrzeug gingen und die Kennzeichen abschraubter. |

### 1.3. Aufnehmender Mitarbeiter

### 2. Betroffener

### 2.1. Natürliche Person

### 2.1.1. Personalien

| | |
|---|---|
| **Sonstige unbekannte Person** | **unbekannt, unbekannt** |
| **Geburtsort** | unbekannte |
| **Geschlecht** | männlich |

### 2.1.2. Personenbeschreibung

| | | | |
|---|---|---|---|
| **Zeitpunkt der Altersschätzung** | 01.06.2022 21:53:42 | | |
| **geschätztes Alter (von)** | 19 | **geschätztes Alter (bis)** | 23 |
| **Gestalt** | schlank | | |

Beobachtungs- und Feststellungsbericht – Seite 1 von 3
Ausdruck erstellt: 07.05.2023 gedruckt: 07.05.202

RE Dir K KK 14 - [geschwärzt]

| | | | |
|---|---|---|---|
| **Phänotypus** | südeuropäsch | | |
| **scheinbares Geschlecht** | männlich | | |
| **Bezugsdatum (Alter)** | 01.06.2022 | | |
| **geschätz. Geb.-jahr von** | 01.01.1999 | **geschätz. Geb.-jahr bis** | 30.12.2003 |

## 2.2. Natürliche Person

### 2.2.1. Personalien

| | |
|---|---|
| **Sonstige unbekannte Person** | unbekannt, unbekannt |
| **Geburtsort** | UNBEKANNT |
| **Geburtsstaat** | Deutschland |
| **Geschlecht** | männlich |

### 2.2.2. Personenbeschreibung

| | | | |
|---|---|---|---|
| **Zeitpunkt der Altersschätzung** | 01.06.2022 21:53:42 | | |
| **geschätztes Alter (von)** | 19 | **geschätztes Alter (bis)** | 23 |
| **Gestalt** | schlank | | |
| **Phänotypus** | südosteuropäisch | | |
| **scheinbares Geschlecht** | männlich | | |
| **Bezugsdatum (Alter)** | 01.06.2022 | | |
| **geschätz. Geb.-jahr von** | 01.01.1999 | **geschätz. Geb.-jahr bis** | 30.12.2003 |

## 3. Beobachtetes Kfz

### 3.1. KFZ - - Kfz

| | | | |
|---|---|---|---|
| **Sachtyp** | Kfz | | |
| **Fahrzeugart** | | | |
| **FIN** | | | |
| **Hersteller** | UNBEKANNT | | |
| **Modelltyp** | unbekannt | | |
| **Farbe** | schwarz | **Motornummer** | |

#### 3.1.1.1. KFZ - Kennzeichen

## 4. Sachverhalt

Am 31.05.2022 kam es in Bottrop auf der Straße Am Eickholtshof, zu einem Diebstahl von Kennzeichen.

Die Täterbeschreibung,

- ca um die 20 Jahre
- männlich
- südländischer Typ
- extrem ruhig und gelassen in der Tatausführung

könnte vermuten lassen, dass diese Kennzeichen für weitere Straftaten verwendet werden könnten.

Beobachtungs- und Feststellungsbericht - [geschwärzt] Seite 2 von 3
Ausdruck erstellt: 07.05.2023 gedruckt: 07.05.202

RE Dir K KK 14 - [redacted]

Im Hinblick auf die jüngsten Ereignisse in Sachen Geldautomatensprengung, deckt sich diese Beschreibung mit den bisherigen Täterbeschreibungen.

Unterwegs waren die Männer mit einem schwarzen Wagen.

Weiteres ist nicht bekannt.

Das entwendete Kennzeichen: [redacted]

War bisher zugelassen für einen schwarzen Opel Astra Sports Tourer.

POLIZEI
Nordrhein-Westfalen
Kreis Steinfurt

ST Dir K KK 12

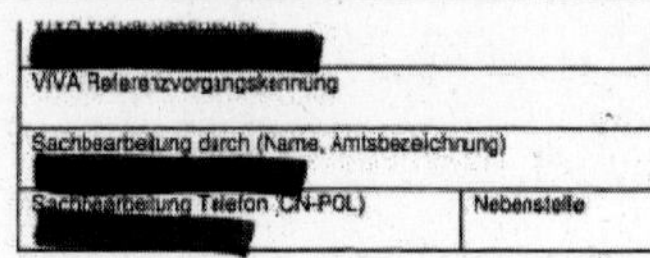

VIVA Referenzvorgangskennung

Sachbearbeitung durch (Name, Amtsbezeichnung)

Sachbearbeitung Telefon (CN-POL) | Nebenstelle

# Beobachtungs- und Feststellungsbericht

## 1. Erfassungsgrund

| | | | |
|---|---|---|---|
| **Ereignis / Delikt** | Beobachtungs- und Feststellungsbericht | | |
| **Phänomenbereich** | Kein PKS-Phänomen | | |
| **Versuch** | Nein | **Rechtsnorm** | |

### 1.1. Ereigniszeit

| | |
|---|---|
| **Anfang** | 24.01.2023, 16:35 Uhr |

### 1.2. Ereignisort

| | | | |
|---|---|---|---|
| **Art der Ortsbezeichnung** | Straße | | |
| **Straße** | Friedrich-Ebert-Ring 182 | | |
| **PLZ Ort / Ortsteil** | 48429 Rheine / Innenstadt | | |
| **Ortslage** | | **Kreis** | Rheine |
| **Gemeindeschlüssel** | 05566076 | | |
| **Staat** | Deutschland | | |
| **Verwaltungs-/-Regierungsbezirk** | Münster | | |
| **Zuständige Dienststelle** | ST Dir GE PW Rheine | | |
| **Amtsgericht** | AG Rheine | **Staatsanwaltschaft** | StA Münster |
| **Pol-/Objekt-Typ** | | | |
| **X-Koordinate** | 7,4498574 | **Y-Koordinate** | 52,2948329 |
| **RBS X** | 394285,646 | **RBS Y** | 5794962,731 |

### 1.2.1. Anlass

**Anlass der Beobachtungen / Feststellungen**

### 1.3. Aufnehmender Mitarbeiter

## 2. Beobachtetes Kfz

### 2.1. KFZ - Personenkraftwagen - HH LE6369

| | | | |
|---|---|---|---|
| **Sachtyp** | Kfz | | |
| **Fahrzeugart** | Personenkraftwagen | | |
| **FIN** | | | |
| **Hersteller** | BMW | | |
| **Modelltyp** | 218i/ F2GC | | |
| **Tag der Erstzulassung** | | **Kurzz. d. Zulass.-landes** | D |
| **Fahrzeugaufbau** | Limousine | | |
| **Farbe** | weiß | **Motornummer** | |
| **Zulässige Gesamtmasse** | 1885 | **Nutzlast** | |

#### 2.1.1.1. KFZ - Kennzeichen

| | | | |
|---|---|---|---|
| **Art des Kennzeichen** | amtliches Kennzeichen | **Kennzeichen** | HH |

Beobachtungs- und Feststellungsbericht
Ausdruck erstellt: 07.05.2023

Seite 1 von 1
gedruckt: 07.05.202

ST Dir K KK 12 - [redacted]

**2.1.2. Mehr zu KFZ-Kennzeichen**

**2.1.2.1. KFZ-Kennzeichen**

| Aussteller | Ausstellungsland | Deutschland |
|---|---|---|

## 3. Sachverhalt

Der Zeuge [redacted] erscheint am 26.01.2023 um 15:00 Uhr auf der Polizeiwache in Rheine. Er macht Angaben dazu, dass sein Vater [redacted] eine verdächtige Beobachtung gemacht hat. Der Vater ist derzeit verhindert, weshalb sein Sohn Auskunft über die Beobachtungen gibt.
Der Sohn macht sinngemäß folgende Angaben:

Sein Vater habe am 24.01.2023 um 16:35 Uhr zwei männliche Personen gesehen, die vor der Volksbank am Friedrich-Ebert-Ring 182 in Rheine geparkt haben. Bei dem Fahrzeug handelt es sich um einen weißen BMW mit Hamburger Kennzeichen, HH [redacted] Das Fahrzeug ist auf die Autovermietung [redacted] zugelassen. Zuerst soll eine Person in die Volksbank gegangen sein und sich dort umgeschaut haben. Danach sei diese Person zum Bäcker gegenüber gelaufen und habe sich etwas zu essen gekauft. Dann sei die zweite Person aus dem Fahrzeug gestiegen und sei ebenfalls in die Volksbank gelaufen. Dort habe er sich umgeguckt und vor dem Eingang nach seinem Bekannten gerufen.

Beide Personen haben augenscheinlich kein Geld abgehoben und haben sich auch nur kurzzeitig am Geldautomaten aufgehalten. Danach seien die Personen davon gefahren.

Der Zeuge glaubt, dass die Personen den Standort des Geldautomaten bezüglich einer Geldautomatensprengung ausbaldowert haben. Der Zeuge hat Bilder von den Personen und dem Fahrzeug der Polizei zur Verfügung gestellt.

ME KI 1 KK 11

VIVA Referenzvorgangskennung

Sachbearbeitung durch (Name, Amtsbezeichnung)

| Sachbearbeitung Telefon (CN-POL) | Nebenstelle |
|---|---|

# Beobachtungs- und Feststellungsbericht

## 1. Erfassungsgrund

| | | | |
|---|---|---|---|
| **Ereignis / Delikt** | Beobachtungs- und Feststellungsbericht | | |
| **Versuch** | Nein | **Rechtsnorm** | |

### 1.1. Ereigniszeit

| | |
|---|---|
| **Anfang** | 24.01.2023, 23:00 Uhr |

### 1.2. Ereignisort

| | | | |
|---|---|---|---|
| **Art der Ortsbezeichnung** | Straße | | |
| **Straße** | Brachter Straße 45a | | |
| **PLZ Ort / Ortsteil** | 40882 Ratingen / Homberg | | |
| **Ortslage** | | **Kreis** | Ratingen |

| | | | |
|---|---|---|---|
| **Gemeindeschlüssel** | 05158028 | | |
| **Staat** | Deutschland | | |
| **Verwaltungs-/-Regierungsbezirk** | Düsseldorf | | |
| **Zuständige Dienststelle** | ME GE PW Ratingen | | |
| **Amtsgericht** | AG Ratingen | **Staatsanwaltschaft** | StA Düsseldorf |
| **Poi-/Objekt-Typ** | | | |
| **X-Koordinate** | 6,8986246 | **Y-Koordinate** | 51,2966755 |
| **RBS X** | 353493,297 | **RBS Y** | 563479¹,856 |

#### 1.2.1. Ergänzungen zum Ort

| | |
|---|---|
| **Örtlichkeit** | Straße |
| **Erg. zur Örtlichkeit** | a.g.O |
| **Lichtverhältnisse** | Dunkelheit |
| **Beleuchtung** | ausreichend beleuchtet |

#### 1.2.2. Anlass

| | |
|---|---|
| **Anlass der Beobachtungen / Feststellungen** | |

### 1.3. Aufnehmender Mitarbeiter

## 2. Betroffener

### 2.1. Natürliche Person

#### 2.1.1. Personalien

| | |
|---|---|
| **rechtmäßige Personalie** | |
| **Geburtsname** | |
| **Geburtsdatum** | 1998 |
| **Geburtsort** | |
| **Geburtsstaat** | Niederlande |
| **Geschlecht** | weiblich |
| **Staatsangehörigkeit** | niederländisch |

Beobachtungs- und Feststellungsbericht - Seite 1 von 4
Ausdruck erstellt: 07.05.2023 gedruckt: 07.05.202

POLIZEI
Nordrhein-Westfalen
Kreis Mettmann

ME KI 1 KK 11 - [geschwärzt]

| | | | |
|---|---|---|---|
| Altersgruppe zur Vermisstenzeit | Erwachsener | | |
| Alter zur Vermisstenzeit | 24 | | |

**2.1.2. Personenbeschreibung**

| | | | |
|---|---|---|---|
| Zeitpunkt der Altersschätzung | 24.01.2023 23:49:51 | | |
| geschätztes Alter (von) | 25 | geschätztes Alter (bis) | 25 |
| Größe | 167 cm | | |
| Größe (bis) | 167 cm | | |
| Art der Größenfeststl. | geschätzt | | |
| Gestalt | schlank | | |
| Gewicht (kg) | 70 | | |
| Phänotypus | nordafrikanisch | | |
| scheinbares Geschlecht | weiblich | | |
| Bezugsdatum (Alter) | 24.01.2023 | | |
| geschätz. Geb.-jahr von | 01.01.1998 | geschätz. Geb.-jahr bis | 30.12.1998 |
| Verhalten bei der Kontrolle | Nervös | | |

**2.1.3. Identitätsnachweis**

| | | | |
|---|---|---|---|
| Sachtyp | Ausweis/ Urkunde | | |
| Art d. Ausw. / d. Urkunde | Reisepass | | |
| Dokumentennummer | | | |
| Aussteller | Niederlande | Ausstellungsland | Niederlande |
| Ausstellungsdatum/-jahr | | Ausstellungsort | Niederlande |
| Gültigkeit | | | |

**2.2. Natürliche Person**

**2.2.1. Personalien**

rechtmäßige Personalie
Geburtsname
Geburtsdatum
Geburtsort
Geburtsstaat
Geschlecht
Staatsangehörigkeit
Altersgruppe zur Vermisstenzeit
Alter zur Vermisstenzeit

**2.2.2. Anschriften**

| | | | |
|---|---|---|---|
| Meldeanschrift | | | |
| PLZ Ort / Ortsteil | | | |
| Gemeindeschlüssel | | | |
| Nation | | | |
| Verwaltungsbezirk | | | |
| X-Koordinate | | Y-Koordinate | |
| RBS X | | RBS Y | |

**2.2.3. Personenbeschreibung**

Zeitpunkt der Altersschätzung

Beobachtungs- und Feststellungsbericht - [geschwärzt] Seite 2 von 4
Ausdruck erstellt: 07.05.2023 gedruckt: 07.05.202

POLIZEI
Nordrhein-Westfalen
Kreis Mettmann

ME KI 1 KK11 -

**3. Beobachtetes Kfz**

**3.1. KFZ - Kraftfahrzeug - BOR-RS605**

| | | | |
|---|---|---|---|
| **Sachtyp** | Kfz | | |
| **Fahrzeugart** | Kraftfahrzeug | | |
| **FIN** | | | |
| **Hersteller** | AUDI | | |
| **Modelltyp** | RS 6 AVANT PERFORMANCE/ 4G | | |
| **Tag der Erstzulassung** | | **Kurzz. d. Zulass.-landes** | D |
| **Fahrzeugaufbau** | Van | | |
| **Farbe** | grau | **Motornummer** | |
| **Zulässige Gesamtmasse** | 2580 | **Nutzlast** | |

**3.1.1.1. KFZ - Kennzeichen**

| | | | |
|---|---|---|---|
| **Art des Kennzeichen** | amtliches Kennzeichen | **Kennzeichen** | BOR- |

**3.1.2. Mehr zu KFZ-Kennzeichen**

**3.1.2.1. KFZ-Kennzeichen**

| | | | |
|---|---|---|---|
| **Aussteller** | | **Ausstellungsland** | Deutschland |

**4. Sachverhalt**

Am 24.01.2023, gegen 22:00 Uhr, wurde durch Beamte der Polizeiwache Ratingen an der Brachter Straße, Ratingen in Höhe der BAB 44 eine Standkontrolle aufgebaut

Als die Fahrzeugführerin, Frau mit ihrem Pkw, Audi, RS6, Kombi, Silber, amtliches Kennzeichen: BOR auf die Kontrollstelle zufuhr, wendete sie ihren Pkw auf der Brachter Straße in Höhe der Hausnummer 45 (Autobahnmeisterei), um sich augenscheinlich der Kontrolle zu entziehen.

Die an der Örtlichkeit befindliche Funkstreifenbesatzung kontrollierte die Fahrzeugführerin sodann.

Die Fahrzeugführerin, Frau wies sich durch ihre gültige niederländische Fahrerlaubnis und ihren gültigen niederländischen Reisepass aus.

Gegenüber den Beamten gab sie sinngemäß an, dass sie das Fahrzeug für ihre Geburtstagsfeier in den Niederlanden angemietet habe. Ihr Freund kenne der Inhaber der Mietwagenfirma:

und daher habe sie sich dazu entschlossen von Heerlen, Niederlande nach Ratingen zu fahren und

Beobachtungs- und Feststellungsbericht - Seite 3 von 4
Ausdruck erstellt: 07.05.2023 gedruckt: 07.05.202

den Pkw Audi zu mieten (**Mietzeitraum lt. Mietvertrag 24.01.2023 - 31.01.2023**).

*Die Aussage der Fahrzeugführerin wirkte insgesamt ausgedacht, insbesondere weil der Geburtstag der Fahrzeugmieterin am st.*

**Sonstiges**

Im Kofferraum / Fahrzeuginnenraum konnten keine verdächtigen Gegenstände aufgefunden werden.

Weiter konnte die Fahrzeugführerin eine Kopie der Zulassungsbescheinigung Teil 1 vorzeigen. Bei der Mietwagenfirma handelt es sich um den Fahrzeughalter.

Die Firma steht im Verdacht ihre Fahrzeuge für Straftaten zu verleihen / zur Verfügung zu stellen. Bei dem hochmotorisierten Audi RS6 ist davon auszugehen, dass der Pkw als Fluchtfahrzeug bei Geldautomatensprengungen genutzt wird.

Geschäftsführerin der Firma lt. Handelsregister